大连理工大学经济管理学院出版基金资助出版

潘雄锋 袁嘉宏 褚君会 ◎ 著

基于创新能力适配的区域创新体系演化发展研究

Research on Evolution and Development of Regional Innovation System Based on Adaptation of Innovation Capability

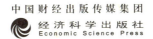

中国财经出版传媒集团

经济科学出版社

Economic Science Press

·北 京·

图书在版编目（CIP）数据

基于创新能力适配的区域创新体系演化发展研究/
潘雄锋，袁嘉宏，褚君会著. -- 北京：经济科学出版社，
2023.9

（大连理工大学管理论丛）
ISBN 978 - 7 - 5218 - 5250 - 9

Ⅰ. ①基…　Ⅱ. ①潘…②袁…③褚…　Ⅲ. ①区域经
济 - 国家创新系统 - 研究 - 中国　Ⅳ. ①F127

中国国家版本馆 CIP 数据核字（2023）第 194603 号

责任编辑：刘　莎
责任校对：王肖楠
责任印制：邱　天

基于创新能力适配的区域创新体系演化发展研究

潘雄锋　袁嘉宏　褚君会　著

经济科学出版社出版、发行　新华书店经销
社址：北京市海淀区阜成路甲 28 号　邮编：100142
总编部电话：010 - 88191217　发行部电话：010 - 88191522
网址：www. esp. com. cn
电子邮箱：esp@ esp. com. cn
天猫网店：经济科学出版社旗舰店
网址：http://jjkxcbs. tmall. com
固安华明印业有限公司印装
710 × 1000　16 开　15. 25 印张　250000 字
2023 年 9 月第 1 版　2023 年 9 月第 1 次印刷
ISBN 978 - 7 - 5218 - 5250 - 9　定价：68. 00 元
（图书出现印装问题，本社负责调换。电话：010 - 88191545）
（版权所有　侵权必究　打击盗版　举报热线：010 - 88191661
QQ：2242791300　营销中心电话：010 - 88191537
电子邮箱：dbts@ esp. com. cn）

前　言

　　创新是经济增长的重要支撑，在创新活动区域聚集化发展的背景下，区域创新体系必然成为分析复杂创新活动的重要工具。通过区域创新体系营造良好的区域发展环境，吸引更多的外部资金，聚集高层次的创新人才，走依靠科技进步的可持续发展道路，已成为 21 世纪各国和各地区提高科技和经济竞争力的必然选择。区域创新体系的研究也因此备受学术界和政策制定者的关注。然而，作为一个动态系统，区域创新体系随着经济社会的进步在不断发展和完善。区域创新体系的发展受到内外两方面因素的影响，对内表现为以创新能力为支撑的生命周期阶段性，对外表现为创新环境的动态变化，其能否实现持续、稳定、快速发展，取决于内外因素间的适配性。为此，需要在区域创新体系理论、区域创新能力理论、区域创新周期理论以及大量国内外相关文献资料和研究成果的基础上，结合规范研究和实证研究的方法，以推动区域创新体系实现可持续发展为目标，找出区域创新体系实际发展所需的创新能力要素组合，揭示与区域创新体系发展阶段相适配的创新能力演化规律。本研究的主要内容如下。

　　第一，借鉴相关研究成果，对本研究所涉及的区域创新能力适配和区域创新体系生命周期演化等概念进行界定和分析，初步搭建区域创新体系生命周期演化规律的研究框架；参考 FP&S 和 H&M 分析框架，构建区域创新能力六维要素模型，并基于政策文件和研究文献，综合运用专家咨询法以及因子分析法确定区域创新能力指标体系。

第二，借鉴国内外相关研究成果，分析区域创新能力要素与区域创新体系生命周期各阶段的动态适配关系，构建区域创新体系生命周期创新能力演化的理论模型。在此基础上，利用方差分析法实证检验区域创新能力要素与区域创新体系生命周期的适配关系，根据实证结果讨论区域创新体系生命周期各阶段区域创新能力要素的动态演化规律。

第三，从区域创新能力要素底层指标入手，构建基于扰动属性判定模型的区域创新体系生命周期识别模型，并基于专家打分法与熵值法的组合评价法，确定区域创新能力要素的指标权重，在此基础上，依据区域创新能力要素与创新体系生命周期各阶段的适配关系，对中国区域创新系统生命周期阶段进行识别。

第四，依据区域创新体系生命周期识别结果，选取海南省、山西省、重庆市、江苏省四个区域作为典型案例，针对其所处的生命周期阶段，分析当前阶段各区域创新能力的演化过程，搜集样本区域目前的科技创新政策。在此基础上，评估样本区域在其所处生命周期阶段面临的问题，阐明在区域发展中发挥重要作用的创新能力和关键的能力策略，为完善区域创新体系发展政策提供依据。

目　录

第一章

绪　论

　　区域创新体系的相关研究一直是学术界和政策制定者关注的重点问题。本书将针对区域创新体系生命周期创新能力的演化规律、区域创新体系生命周期识别模型等问题进行研究。本章对研究背景进行了介绍，从区域创新体系、区域创新能力和区域创新周期三大方面对国内外相关研究进行了分析和述评，在此基础上对具体内容、研究路线及使用的研究方法进行介绍，为后文的研究提供理论基础。

一、问题的提出

（一）研究背景

　　随着知识经济的兴起和全球化趋势的加快，通过增加劳动力和资本以带动国家和地区经济发展的时代已经过去。2008 年全球金融危机爆发以来，世界经济复苏明显乏力，这进一步说明了"创新是从根本上打开增长之锁的钥匙"，创新是支撑世界经济调整和可持续发展的重要动力，其在世界经济稳定增长中的作用是毋庸置疑的。然而，创新是指以科技创新为核心，包括发展理念、体制机制、商业模式等全方位、多层次、宽领域的全面创新。创新发展方式不仅包括推进科技创新、提供新的产品和服务，还包括支持创新创业、产业变革和数字经济等各种行动。创新的概念及其影响因素是复杂的，为了理解这种复杂关系，克里斯·弗里曼（Chris Freeman）在20世纪80年代提出了"国家创新体系"这一概念，用于分析影响创新的环境、供给和需求等方面的因素及其相互作用。20世纪下半叶以来，世界经济区域化明显，一些富有特色和竞争优势的区域成为带动全球经济发展的"增长极"或"创新极"。区域成为组织创新活动的重要载体，区域创新体系建设和区域发展战略研究日益引起各国管理层和学术界的关注，通过区域创新体系建设营造良好的区域发展环境，吸引更多的外部资金，聚集高层次的创新人才，走依靠科技进步的可持续发展道路，已成为新世纪各国和各地区抢占科技和经济竞争制高点的必然选择。

《国家创新驱动发展战略纲要》和《"十四五"国家科技创新》中明确提出要充分结合区域经济和社会发展的特色和优势，统筹规划区域创新体系和创新能力建设。区域创新体系是一个动态的系统，随着经济社会的进步，它也在不断地发展和完善，并受到内外两方面因素的影响。对外表现为区域创新体系所处外部环境的动态变化，对内则表现为以创新能力为支撑的生命周期阶段性。区域创新体系能否实现持续、稳定、快速发展，取决于这两方面因素之间的适配性。本研究建立在区域创新体系理论、区域创新能力理论、生命周期理论以及大量国内外相关文献资料和研究成果的基础上，结合规范研究和实证研究的方法，以推动区域创新体系实现可持续发展为目标，寻找适合区域创新体系实际发展需要的创新能力要素组合，揭示出与区域创新体系发展阶段相适配的创新能力演化规律，从而为政府宏观科技决策和科技管理实践提供应有的理论支撑。

（二）研究意义

区域创新体系是一个动态系统，其发展和完善不是完全独立于经济社会的，而是相互关联、共同发展的。受区域内部因素和外部环境两种力量的影响，区域创新体系的发展一方面对外表现出所需要的外部环境的动态变化，另一方面在内部表现出以创新能力为基础的生命周期阶段性。上述两种力量的适配性共同决定了区域创新体系实现稳定和可持续发展，进一步决定了区域经济发展的前景。因此，研究区域创新体系建设不但具有理论意义，还具备实践意义，有助于完善区域创新体系发展的相关制度和指导政策。

首先，对区域创新体系的演化发展进行分析，需要对各类影响区域创新能力的要素进行归纳和总结，需要在这个基础上探索这些构成要素在区域创新体系生命周期各个阶段的发展变化规律，这可以极大地丰富区域创新体系的理论基础。本研究通过归纳法，对区域创新能力要素和区域创新体系生命周期阶段进行科学归纳，构建出区域创新能力的要素模型和划分出区域创新体系生命周期的发展阶段；运用演绎法，对区域创新体系生命周期各阶段与区域创新能力各构成要素之间的适配关系进行分析，从而揭示出创新能力要素在生命周期各阶段的动态演化规律，突破已有区域创新体系研究仅关注体系结构、运行、机制等层面的内容。

其次，区域创新体系演化发展研究，对区域创新体系生命周期进行合理划分和识别，拓展了生命周期理论在区域创新体系中的研究和应用。本研究在对区域创新体系生命周期阶段进行划分的基础上，提供了区域创新体系生命周期判定的定量研究模型及分析步骤，不仅拓展了生命周期理论在区域创新体系研究中的应用，而且有利于区域决策主体和管理主体正确认识区域创新体系所处的发展阶段和面临的危机，从而根据这些方面的特点，选择适宜的创新能力培育策略和措施，推动区域创新体系的可持续发展。

最后，纵观全国各地区的区域创新体系建设，本研究筛选处于生命周期不同阶段的典型区域作为案例，分析各个阶段的演化趋势和发展重点，在此基础上有针对性地提出完善区域创新体系发展政策的具体建议，可为相关区域政府高层决策和相关政策制定提供有益参考，对于推进我国区域创新体系的整体建设进程具有重要的应用价值。

二、国内外研究综述

（一）区域创新体系研究

1. 区域创新体系的提出

区域创新体系起源于 20 世纪 80 年代国家创新体系方面的研究，是其在区域层面的体现。而国家创新能力的相关理论最早可以追溯到20 世纪初建立的技术创新理论。区域创新体系的提出并不是一蹴而就的，而是随着时代的发展和对创新认识的理解，区域创新体系才逐渐进入人们的视野。

创新的起源可以理解为区域创新体系的最早研究。早期，关于经济的发展分析集中于投入要素和市场等方面，技术并不被重视。直到 1912 年经济学家约瑟夫·阿洛伊斯·熊彼特（Joseph Alois Schumpeter）出版了《经济发展理论》，在其中强调了经济增长的重要动力来源于技术创新，开启了学界关于创新的研究。熊比特所定义的创新是"执行新的组合"，即建立新的生产函数，从而对已有的生产要素进行重组或者将新的生产要素纳入生产体系。在熊比特看来，创新研究只能限定在技术层面。事实上，从社会整体而言，创新活动及其社会组织形式都具有多样性和多层次的特点。20 世纪下半叶，随着知识经济的出现，人们对创新概念的理解由技术领域扩展到了知识领域，从企业层面上升到了产业、区域和国家层面。

20 世纪 80 年代兴起的国家创新体系研究是国家创新能力研究过程中具有里程碑意义的事件。1987 年，英国苏塞克斯大学的克里斯·弗里曼出版了《技术和经济运行：来自日本的经验》一书，通过分析日本"技术立国"政策和技术创新机制，提出国家内部各个系统和组织的相互作用构成了国家创新体系，对日本经济增长产生了巨大作用。国家创新体系概念的提出，为人们研究创新行为提供了全新的思想空间。也就是说，可以在国家概念的框架下从微观主体之间、微观主体与国家之间以及国家和国家之间等多重视角研究创新行为的发生原理和运行机制，这为研究创新能力的形成机制找到了新的社会载体。

随着经济的发展，一方面，全球化和贸易自由化发展使得跨国公司在各国的经济发展中都占有重要地位，研发与创新开始跨越国界；另一方面，在一个国家内部，由于各区域的经济发展水平、技术水平和人力资本等方面都存在差异，使得其系统内的各区域的创新能力存在显著差异，如中国的东、中、西部区域就存在区域发展非均衡的状况，且不同省份间的发展也存在显著差异。国家创新体系显然不能解决这些问题，因此从区域层面研究创新体系的内涵、运行机制、创新能力构成和动态演变过程就显得十分重要。1992年，英国卡迪夫大学菲利普·库克（Philip Cooke）在《区域创新体系：新欧洲的竞争规则》中讨论了区域创新体系的概念。之后，随着全球化的发展和知识经济时代的到来，创新成为推动发展的最重要动力。而区域创新体系作为区域创新活动和政府公共政策的最重要载体和组织形式，越来越受到学界和政府的关注。

2. 区域创新体系概念和构成

从产业聚集的观念在区域层面上被讨论开始，许多学者对区域创新体系的内涵和结构进行了界定和分析。从起源上看，区域创新体系起源于区域经济理论、创新经济理论和创新系统理论（王松、胡树华、牟仁艳，2013）。其中，区域经济理论主要以区域经济增长理论、现代区域发展理论和演化经济学为主，这些是区域创新体系的发展动态研究范式的基础；而区域创新体系的内涵和运行模式等则以创新经济学为基础；创新系统学则将区域创新体系引入系统研究范围。随着经济的区域化特点日趋显著，人们开始将区域经济理论和国家创新系统理论结合起来，区域创新系统的概念顺势而生。之后，国内外诸多学者都尝试对区域创新体系的概念及构成进行阐述（见表1-1）。

表 1-1　　　　　　　　　　　　区域创新体系的内涵和构成

提出者	年份	观点
库克（Cooke）	1990	区域创新体系主要是由在地理上相互分工与关联的生产企业、研究机构和高等教育机构等构成的区域性组织体系
阿希姆和伊萨克森（Asheim and Isaksen）	2002	区域创新体系是由支持组织围绕两类主要行动者及其相互作用组成的区域集群，第一类主要行动者是区域内产业集群及其支持产业的公司，第二类主要行动者是制度基础结构，包括科技机构、高等院校、技术中介机构、职业培训组织、产业协会、金融机构等，它们具有支持区域创新的重要能力
多罗里克斯（Doloreux）	2002	区域创新体系是相互作用的私人与公共利益体、正规机构和其他组织的集合，其功能是按照组织和制度的安排以及人际关系促进知识的生产、利用和传播
胡志坚、苏靖	1999	区域创新体系主要由参与技术开发和扩散的企业、大学和研究机构所组成，并有市场中介服务组织广泛介入和政府适当参与的一个为创造、储备和转让知识、技能和新产品的相互作用的创新网络体系
黄鲁成	2000	构建了一个区域创新体系研究纲要，认为区域创新系统是一个以经济区域为研究边界，各种与创新相联系的主体要素（创新的机构和组织）、非主体要素（创新所需要的物质条件）及协调各种要素之间关系的制度和政策的网络。并且认为区域创新体系的主体要素包括企业、政府和有关部门、科研机构和高校机构
柳卸林	2003	区域创新体系是一个地区内由各类创新主体形成的制度、机构网络，其目的是推动新技术的产生、应用
弗里德曼和洛维（Feldman and Lowe）	2017	提出创新是一种互动学习过程的结果，而这种互动是由特定地区内正式或非正式的机构和组织塑造的，是区域创新治理的重要过程。区域创新体系就是在公共和私人行为相互作用驱动区域创新的文化和制度
杨春柏等	2017	区域创新体系是地理上邻近且有分工协作的生产企业、研究机构和教育机构等组织组成的区域性创新系统

　　尽管关于区域创新系统的定义没有一个统一的结果，但可以明确的是，区域创新体系是有一定边界的。目前，学者们对边界是政治区域、经济区域还是技术区域没有统一的定义。关于创新主体构成，虽然每个学者对创新主体包含要素的观念不同，但是在研究的过程中不仅强调单个创新主体的创新能力，而且更为重视的是各主体间的联系与互动关系，通过相互学习来促进知识的产生与转移，以实现合作目标。

3. 区域创新体系基本结构研究

关于区域创新体系的基本结构，学者们基于创新主体、创新要素和区域创新子系统等不同视角进行了划分，主要存在以下几种情况（见表 1-2）。随着研究的深入，区域创新体系的基本结构涵盖范围和划分视角也不断扩大，但目前并没有一致的研究结论。

表 1-2　　　　　　　　　　　区域创新体系的基本结构

提出者	年份	观点
维格（Wiig）	1995	区域创新体系应包括产品创新企业群、教育培训机构、知识创新研究机构、支持创新的政府机构以及创新服务中介机构
托特林和考夫曼（Tödtling and Kaufmann）	2002	区域创新体系由区域中的主要产业集群内的企业所形成的网络、作为知识提供者的研发机构和大学、培训机构、金融机构和相关的服务机构五类要素构成
布萨等（Buesa et al.）	2006	企业、公共管理部门、创新支持基础设施、区域和国家的创新环境是区域创新体系最为重要的组成要素
周亚庆、张方华	2001	区域创新体系应包括教育、科技、资金、政府和文化子系统
潘德均	2001	区域创新体系主要包括知识创新系统、技术创新系统、创新技术扩散系统三个主体系统和创新人才培育系统、政策与管理系统、社会支撑服务系统三个支撑体系
黄鲁成	2000	区域创新体系由组织创新系统、制度创新系统、政策创新系统、运行创新系统、基础条件创新系统五个子系统构成
陈琪、徐东	2007	区域创新体系主要包括投融资系统、知识创新系统、技术创新系统、政府调控系统、知识技术流转系统、知识与技术应用转化系统六个子系统
邱国栋、马鹤丹	2011	区域创新系统由区域研发与产业化系统和区域创新支持系统两个子系统构成
张永凯	2014	区域创新体系涵盖创新主体、创新基础设施、创新资源和创新环境等内容
宋映铉、李顺成	2016	区域创新体系由环境、企业、政府和经济体征组成的上部结构因素和由人力·物质资本扶持体系构成的下部结构因素构成
张华新	2018	区域创新体系包含由企业和消费者组成的知识应用和开发子系统以及由政府、公共管理机构和教育组织机构组成的知识生产和传播子系统

4. 区域创新体系运行机制研究

区域创新体系研究关注的另一个重点是哪些机制能够促使区域创新体系的有效运行。目前，比较认同的主要有以下几种机制。

第一，交互学习机制。菲利普·库克（1990）在对区域创新体系进行界定时就引入了交互学习的概念。在他看来，区域创新体系中的各类创新主体交互学习，能够推动知识存量的增加和已有知识的加速流动，从而使单个主体的创新成本下降，创新成果产出增加。刘建丽（2014）、罗伯托·卡马尼（Roberto Camagni，1999）、彭灿（2003）等也认同创新主体之间的交互学习有利于知识溢出，有助于促进整个区域创新体系能力的提升。

第二，社会网络机制，也称作根植性机制。安娜利·萨克瑟尼安（Annal-ee Saxenian，1994）在对美国"硅谷"和"128 公路"区域半导体产业的研究中最早证明了社会网络对区域创新体系的作用；其他学者也通过研究证实了社会网络机制对区域创新体系中的主体间交互学习有很大影响，是区域创新体系的关键优势，而且很难被模仿。

第三，政策制度机制。弗朗茨·托特林（Franz Tödtling，2002）和亚历山大·考夫曼（Alexander Kaufmann，2002）强调了良好制度环境的重要性，认为制度可以为区域创新体系创造一个促进创新的环境，帮助解决知识交易成本高和市场失灵问题；李柏洲等（2007）、黄速建等（2014）、卫华和张派（2020）认为，良好的制度环境能够有效激发区域创新体系内知识、资源和人为资本的持续流动和交互。

5. 区域创新体系演化发展研究

上述研究均是从静态的角度出现的，而随着对区域创新体系研究的深入，从动态角度研究区域创新体系的演化发展成为学者们热衷讨论的议题。学者们从不同角度和层面对区域创新体系的演化发展进行了探讨。洪进等（2011）、彼得·哈耶克（Petr Hajek，2014）等运用复杂自适应系统的理论知识将区域创新体系的演化发展过程划分为集聚阶段、互动阶段、制度厚积阶段和多样化阶段；菲利普·库克（1990）、王庆金、田善武（2016）、严佳鑫（2021）运用生态学的理论知识将区域创新体系的演化发展过程划分为单利共生阶段、差异互利共生阶段和均衡互利共生阶段；王景荣等（2013）、刘新民和李芳（2015）运用自组织的理论知识将区域创新体系的演化阶段划分为四个阶段，依次从稳定走向轻微失稳和彻底失稳，直到新的稳定阶段。

除上述理论外，近年来，众多学者基于生命周期理论探讨了区域创新体系的演化发展过程，不仅为我国区域创新体系发展提供了理论支撑，也推进了对区域创新体系演化发展的深入研究。

斯塔凡·雅各布森（Staffan Jacobsson，2004）和安娜·伯杰（Anna Bergek，2004）对区域创新体系发展演变过程中创新要素的变化特征进行了详细地分析。在此基础上，许多学者针对区域创新体系生命周期的演化发展进行了研究，当前较为成熟的主要是三阶段、四阶段和五阶段生命周期理论模型。具体来看，苏屹等（2019）基于生命周期理论将区域创新系统划分为萌芽期、高速发展期和成熟期三个阶段。王亮（2011）将区域创新体系划分为起步、成长与成熟阶段，并使用逐步判别分析方法构建了区域创新体系的阶段识别模型，重点对吉林省的创新体系发展阶段进行了识别。三阶段生命周期理论认为区域创新系统发展最后将进入成熟阶段，但是，蒂姆·卡斯泰尔（Tim Kastelle，2009）认为区域创新体系的发展具有周期性，并且随着时间的推移，区域创新体系可能经历再生潜力的丧失进而导致创新体系的衰落。这都是三阶段模型无法解释的现象，因此，一些学者提出了四阶段生命周期理论。

李微微（2007）指出区域创新系统形成演化的一般过程类似于生物系统的生命周期，大致可以分为形成阶段、发展阶段、成熟阶段和衰退（更新）阶段四个阶段，并基于此测算了区域创新系统的演化均衡稳定点。王利军等（2016）将区域创新体系发展历程划分为起步、成长、成熟与交替四大阶段，并构建了区域创新体系发展阶段识别指标体系，进一步识别了中国30个省域创新体系的生命周期发展阶段。四阶段生命周期理论虽然对现实中区域创新体系走向衰落或再生的现象给出了合理的解释，但是对区域创新体系形成期到成长期这一演化阶段的划分过于笼统。在此基础上，部分学者详细讨论了区域创新体系进入成熟期前的演化过程，由此出现了五阶段生命周期模型。

五阶段生命周期理论模型与四阶段理论的具体区别在于，前者将区域创新体系演化发展前期细分为孕育、初生两阶段，后续演化发展阶段的划分方法则与四阶段模型的大体相同。杨剑、梁皅（2006）提出了区域创新体系的生命周期模型，将其发展划分为孕育期、初生期、高速发展期、成熟期和衰退/再生期五个阶段。基于此，杨剑等（2007）提取区域创新体系生命周期各阶段的特征，采用模糊决策的方法，建立了区域创新体系生命周期的判定模型，并以单一创新体系为例，对其所处的生命周期进行了判定；韦博·比克（Wiebe E. Bijker，2007）则认为区域创新体系的最后阶段是衰退或僵化阶段；苏屹和李柏洲（2009）也认为区域创新体系的演化发展过程应分为孕育期、初生期、高速发展期、成熟期和衰退/再生期五个阶段，并对区域创新体系的动力要素进行了分析；尚倩（2011）也将区域创新体系的演化过程划分为以上五个阶段，并通过因子分析的方法，根据区域创新能力的高低，划分了区域创新体系所处的发展阶段，文章的研究重点在于对各发展阶段的政策进行定位。

（二）区域创新能力研究

1. 区域创新能力的提出

在对国家创新体系及逆行研究中，克里斯·弗里曼（1987）提出，国家创新体系应该包含国家创新能力和国家竞争力。伴随着世界经济的不断整合，知识、信息的更自由的流动和传播，创新能力成为提升区域竞争力的关键因素。学者们对区域创新能力的研究热情高涨。菲利普·库克（1992）在区域创新系统中最早提出区域创新能力概念，他认为一个区域的创新能力大小是与区域内相关创新产品的潜力决定的，其中最重要的因素是研发投入。

在国内,"区域创新能力"这一概念早在 1996 年由长城企业战略研究所提出。长城战略研究所联合北京高新技术产业开发实验区共同承担了"增强中关村高新技术产业的区域创新能力调研"项目。此后,王德禄在专著《区域创新:中关村走向未来》中,对中关村的高新技术产业区域创新能力进行了详细讨论。此后,学者们针对区域创新能力的概念界定和评价进行研究。

2. 区域创新能力概念研究

从区域"创新能力"这一概念提出以来,学者们从不同角度进行界定。"区域创新体系"概念的提出者菲利普·库克(1992)以演化经济学的概念为支撑,从区域内组织互动和资源整合的角度出发,对区域创新体系的创新能力进行了界定。以菲利普·库克(1992)的定义为基础,尼古莱·福斯(Nicolai J. Foss,1996)对区域创新能力进行了研究,并表示区域创新能力的关键并不是区域内的创新主体,而是其间的网络关系。在此基础上,大卫·蒂斯(David J. Teece,1998)对区域创新能力进一步完善,并且将其概括为三个方面。随着区域创新体系的发展,区域创新能力和经济增长之间的关系也越来越受到关注。基于此,杰弗里·费尔特曼(Jeffrey L Furman,2002)等和其他学者们从区域创新能力和经济增长之间的关系对区域创新能力进行了定义。

国内的研究相对较晚一些,有关区域创新能力的概念最早是由长城战略研究所在 1996 年提出的,之后的学者们结合国内外的研究成果,基本上是按照国外学者们研究的步伐进行的,如表 1-3 所示。综上所述,本研究将区域创新能力定义为:以地区经济发展为目标,把区域内现有和潜在的新知识转化为新产品、新服务以及新工艺的能力。

表 1-3　　　　　　　　区域创新体系的创新能力内涵的界定

提出者	年份	观点
库克(Cooke)	1992	区域创新能力是基于企业、大学和科研机构等不同创新主体和企业之间的良性互动而形成的,同时受到区域特定创新资源、文化、环境的共同影响

续表

提出者	年份	观点
福斯（Foss）	1996	区域创新能力的关键是区域企业内的各要素关系网络
库克（Cooke）	1998	创新是知识的商业化，是知识的利用过程，按照对创新的这种理解，区域创新能力就是区域成功的利用新知识的能力
提斯和皮斯诺（Teece and Piasno）	1998	区域创新体系的创新能力包括三个方面，即开发资源的能力、感知变化的能力、产生竞争优势的能力
费尔特曼等（Feltman et al.）	2002	创新能力是在一段时间内生产创新技术以及将其商业化的潜力
里多和施威尔（Riddel and Schwer）	2003	区域创新能力是一个地区创新的潜力，这种潜力最终变为商业发展的动力
图拉和哈马考皮（Tura and Harmaakorpi）	2005	区域创新能力是一个主体在创新活动中所具有的对环境变化做出反应的能力和利用现有资源的能力
黄鲁成	2000	区域创新体系创新能力是由三个要素构成的，即创新资源投入能力、创新管理能力和研究开发能力。并且企业、政府有关机构和中介机构、科研机构和企业的作用分别是这三个要素的主要影响因素
柳卸林、胡志坚	2002	区域技术创新能力为一个地区将知识转化为新产品、新工艺、新服务的能力
邵云飞、谭劲松	2006	区域创新能力指在一个区域内，以增强区域经济增长的原动力为目标，充分发挥区域技术创新的行为组织，包括企业、高校及研究机构、科技中介服务及金融机构、政府等的技术创新积极性，以人力资本集聚为核心，高效配置技术创新资源，将技术创新构想转化为新产品、新工艺和新服务的综合能力系统
任胜钢、彭建华	2007	区域创新能力是某一区域内各创新主体在一定创新环境条件下，创新投入与产出的水平
岳峣、张宗益	2008	区域创新能力是由科学技术产生的综合能力，主要由研发经费投入决定，并通过地区竞争力体现出来，决定地区之间经济竞争优势
白嘉	2012	区域创新能力定义为区域内的创新主体运用创新资源、协调与推动区域创新活动的能力
韩春花、佟泽华	2016	区域创新能力是一个地区将创新成果转化有价值的产品和服务，从而在区域竞争中赢得优势的动态能力
瞿辉、闫霏	2019	区域创新能力是地区将创新成果转化为经济效益并推动社会经济发展的能力

3. 区域创新能力要素构成研究

关于区域创新能力要素构成，国内外学者从不同角度进行剖析，得到的结论也不尽相同。最初，学者们主要从技术的创新过程出发，对区域创新能力要素构成进行了研究，最典型的就是投入产出视角。在此基础上，很多学者基于投入产出视角进行了扩展研究，如李美娟等（2009）、陈国宏等（2008）还讨论了技术转移（扩散）和创新支持等创新能力的评价指标。除技术创新过程这一研究视角外，还有很多文献基于创新能力的不同表现形式构建了区域创新能力评价指标体系。当然，除基于上述两类视角的区域创新能力评价指标体系构建的相关研究外，还有其他学者从不同的视角进行了研究（如表1-4所示）。

表1-4　　　　　　　　　　　区域创新能力要素构成

研究角度	提出者	年份	观点
技术创新过程	阿希姆和伊萨克森（Asheim and Isaksen）	2002	根据创新的空间形式，从投入产出角度归纳创新的决定因素。投入指标：研发经费、学习过程、技术知识溢出、技术获得、其他创新决定因素、其他经济和人力因素。产出指标：专利、效用模型、科学出版物。其他指标：普通的新想法；发明的利用、生产中的其他创新活动；技术发展、生产力增强和经济增长
	李美娟等	2009	从创新投入、技术转移（扩散）、创新产出和创新支撑四方面构了区域技术创新能力评价指标体系
	OECD	1996	提出了创新能力评价的基本框架，包括知识投入、知识存量、知识流量、知识产出、知识网络、知识与学习6个核心部分
	中国科技发展战略研究小组	2007	根据知识创造、知识获取、企业创新能力、创新环境以及创新的经济效益构建了区域创新能力的评价指标体系
	陈国宏等	2008	认为区域技术创新能力的基本构成要素可以分为区域技术创新投入能力、技术转移（扩散）能力、技术创新产出能力、技术创新支撑能力四方面
	杨志江	2011	区域创新能力主要由区域创新投入、产出和投入产出的转化能力及相关因素等构成

续表

研究角度	提出者	年份	观点
技术创新过程	袁永	2016	区域创新能力由创新资源投入能力、创新资源配置能力、创新产出能力、创新影响和创新环境营造能力构成
	袁宇翔等	2017	区域创新能力由技术创新投入能力、技术创新扩散能力、技术创新产出能力和技术创新支撑能力四个部分构成
	刘慧	2019	区域创新能力包括投入能力、创新环境、管理能力和创新产出
	卡斯特拉齐和米古尔（Castellacci and Miguel）	2007；2013	基于创新的投入和产出角度对区域创新能力评价进行了研究
	易平涛等	2016	基于创新投入、产出和环境评价了中国东部地区的创新能力
	万勇、文豪	2009	从区域层面的创新投入、创新产出、技术扩散和创新环境四个角度构建了评价指标体系
不同表现方面	罗守贵、甄峰	2000	将区域创新能力分解为区域综合实力、教育资源与潜力、科技资源与潜力、企业创新实力、信息条件和区域政策与管理水平
	魏康宁、梁樑	2002	将区域创新能力分为基础设施、经济实力、中介机构、科技实力、企业技术创新和政府6个子系统
	朱海就	2004	区域创新能力包括网络创新能力、企业创新能力、创新环境
	刘凤朝等	2005	从资源能力、载体能力、环境能力、成果能力和品牌能力五个方面对区域创新能力进行衡量
	祁黄雄、叶莉	2014	区域创新包括知识创造能力、企业技术创新能力和创新环境
	福尔曼和海耶斯（Furman and Hayes）	2004	从创新基础设施、产业集群的创新环境、科技与产业部门联系的质量三方面构建了评价指标体系
	平多（Pinto et al.）	2010	从技术创新、人力资本、经济结构以及就业市场四个方面对选定地区的创新能力进行了评价分析

研究角度	提出者	年份	观点
不同 表现 方面	甄峰等	2000	从知识创新能力，技术创新能力，管理与制度创新，宏观经济社会环境四方面构建了区域创新能力评价指标体系
	潘雄锋等	2015	基于企业层面，从创新环境、资源、成果和品牌四方面构建了区域创新能力评价指标体系
	汪欢欢	2019	从产业创新活力、区域知识支撑水平、区域创新培育环境和区域经济发展水平四方面构建了区域创新培育能力指标体系
其他	波特和斯登 （Porter and Stern）	1999	在《创新指标》项目中认为区域创新能力取决于共有创新基础设施的强度、支持创新集群的环境条件以及两者互动联系的强度。具体包括研究开发中的人力资源、投资于研究开发的财力资源、国际投资开放程度、知识产权保护水平、教育投资水平和人均国民生产总值；产业研究开发投资的强度；大学研究开发水平
	王茂祥等	2020	区域创新能力包含区域技术创新、产品创新、制度创新、组织创新、管理创新等各方面的能力，也包括与创新相关联的各方面要素的支撑能力，包括各类创新平台的构建、科技创新基础条件的提供、政策的支持以及支撑服务各方面的能力

4. 区域创新能力评价指标

通过对区域创新体系的研究和对区域创新体系创新能力的界定，学者们认识到区域创新能力在研究区域创新体系中的重要作用，因此开始尝试通过构建一个区域创新能力指标对其进行评价。目前，区域创新能力的评价指标主要分为多指标体系和单指标两类。20世纪初期，由于具有操作简单，数据获取容易的优点，人们多采取单一指标来评价创新能力。之后，随着研究的深入，人们意识到单一指标存在统计口径、国别差异等诸多问题，为克服此缺陷，机构组织和研究者开始倾向于采取多指标评价，这也是目前区域创新能力评价指标的主流方法。目前国内外关于区域创新能力评价指标的研究可以大致分为官方和民间层面，下面分别从这两方面对国内外相关研究进行介绍。

（1）官方区域创新能力评价指标的相关研究

当前，我国逐步开展了区域创新能力评价，从国家到地区层面发布了多个报告，如表1－5所示。首先，从国家层面来看，《中国区域创新能力评价报告2019》《中国城市科技创新发展报告》《中国区域创新能力发展报告》和《国家创新型城市创新能力监测报告2020》等均具体分析评价区域创新能力的一级指标。这些指标涵盖了创新环境、创新资源、创新投入和创新产出四个方面。但是，区域创新指标体系的构建基础和二级指标的选取存在较大差异，难以直接采用。地区性的区域创新评价报告，如《广州城市创新指数报告2021》《四川创新指数2019》等则主要针对特定地区的创新能力进行分析，其一二级指标涵盖范围更小，横向比较能力较差。还有一类区域创新能力评价指数是用于反映特定地区创新变化的指数，典型的是硅谷指数。相比于其他区域创新能力评价指标体系，这些指标并非直接测度区域创新能力，而是使用人口变化、外国人口比例等指标来间接反映区域创新能力的变化情况，因此，推广性和借鉴意义较差，难以用于对各区域之间区域创新能力进行横向对比。

表1－5　　　　　　　　官方发布的区域创新能力指标体系

文件名称	指标体系	
	一级指标	二级指标
《中国区域创新能力评价报告2019》	创新环境	大专以上学历人数、万人互联网用户数、人均地区生产总值等
	创新资源	研发经费内部支出、研发人员全时当量、地方财政科技支出等
	企业创新	企业研发内部经费支出、企业研发人员全时当量、企业专利申请数等
	创新产出	发明专利申请数、技术市场输出技术成交额、百万人技术收入等
	创新绩效	第三产业增加值、商品出口额、资本和劳动生产率等

文件名称	指标体系	
	一级指标	二级指标
《中国区域创新能力发展报告》	创新环境与管理	创新基础设施、市场需求、劳动者素质、金融环境等
	知识创造	研发投入、专利总数、科研论文、投入产出效率指标等
	知识获取	技术合作、技术转移、国际直接投资
	企业创新	大中企业研发投入、设计能力、制造能力、生产能力、创新产出、新产品产值
	创新的经济效益	宏观经济、产业结构、产业国际竞争力、居民收入水平等
《中国城市科技创新发展报告2021》	创新资源	创新人才、研发经费
	创新环境	政策环境、人文环境、生活环境
	创新服务	科技条件、金融服务
	创新绩效	科技成果、经济产出、结构转化、绿色发展、辐射引领
《国家创新型城市创新能力监测报告2020》	创新治理	财政科技支出、常住人口、专利申请量、地区人均生产总值等
	原始创新力	全社会研发支出、研发支出与地区国内生产总值的比值、万名就业人员中研发人员数等
	技术创新力	规模以上工业企业研发支出、高新技术企业数量、高新区营业收入等
	成果转化力	技术输入合同成交额、科创版上市企业数量、工业企业新产品销售收入等
	创新驱动力	城乡居民人均可支配收入之比、实际利用外资等
《广州城市创新指数报告2021》	创新资源	全社会研发经费支出总额、研发投入强度、地方财政科技占财政一般公共预算支出的比例等
	企业创新	企业研发经费占营业收入比例、企业自主知识产权、现代服务业增加值占服务业增加值比例
	创新绩效	每万名从业人员技术市场成交合同金额、劳动生产率、专利产出等
	创新环境	重大创新平台建设、孵化育成体系建设、科技中小企业当年放贷数等

文件名称	指标体系	
	一级指标	二级指标
《四川创新指数 2019》	创新环境指数	经济环境、人力资源环境、科研环境和环境可持续性
	创新投入指数	人力资本投入、基础设施投入、研发投入
	创新产出指数	知识和技术产出、商业产出、社会综合效益
《国家创新能力测度方法及其应用研究》	创新环境	人均国内生产总值、大学入学率、税赋、信息化指数
	创新投入	研究开发人员、每千人研究与开发人员、研究开发支出、研究开发支出占国内生产总值比例、研发人员人均研发支出
	创新产出	三方专利总数、专利引用数、三大机构检索论文数 论文引用、高技术产品出口额、每千人高技术产品出口额
	创新效率	每千人研究开发人员专利授权数、每百万美元研究开发支出产生的专利授权数、每千人研究开发人员科学论文数、每百万美元研究开发支出产生科学论文数、每项专利产生的高技术产品产值、劳动生产率、综合生产率
	创新影响力	获诺贝尔奖人数、品牌、知名大学、知名企业、对外直接投资
《杭州创新指数指标体系的构建》	科教投入	全社会研发支出占国内生产总值的比例、地方财政科技拨款、企业技术开发费占销售收入的比例、人均财政性教育经费支出
	人才资源	每万人专业技术人员数、每万人高校在校学生数、企业科技活动人员数
	经济社会环境	人均国内生产总值、信息化水平、城市空气综合污染指数
	创业环境	国家级、升级科技企业孵化器数、政府创业投资资金总额、国家级、省级企业研发中心和技术中心数
	创新载体	省级以上高新技术企业数、国家级、省部级重点实验室和工程研究中心数
	成果产出	每百万人拥有发明专利授权量、欧美日发明专利授权量、国家级、省级名牌和驰名（著名）商标数
	经济社会发展	高新技术产业产值占工业总产值的比重、高技术产品出口占出口总额的比例、工业新产品产值率、文化创意产业增加值占服务业增加值的比例、万元国内生产总值综合能耗

续表

文件名称	指标体系	
	一级指标	二级指标
《山东省区域科技创新能力评价报告2018》	创新资源	全社会研发经费支出占地区生产总值的比例、地方财政科技支出占公共财政支出的比例、每万人拥有的受大专及以上教育程度人口数、每万名就业人员中研发人员数、研发人员中博士毕业生所占比例
	创新产出	每万元科学研究经费的国际科技论文数量、每亿元国内生产总值年登记技术合同成交额、每亿元国内生产总值发明专利申请数、每万人发明专利拥有量
	企业创新	规模以上工业企业研发经费支出占主营业务收入的比例、规模以上工业企业研发人员占规模以上工业企业从业人员的比例、高新技术企业数量占规模以上工业企业的比例、规模以上工业企业新产品销售收入占主营业务收入的比例
	创新绩效	高新技术产业产值占规模以上工业总产值比例、知识密集型服务业增加值占国内生产总值比例、省级以上高新区规模以上工业主营业务收入占全省规模以上工业主营业务收入比例、全员劳动生产率、万元国内生产总值综合能耗较上年降低率
	创新环境	研发费用加计扣除减免税占企业研发经费的比例、每万名就业人员累计孵化企业数、科学研究和技术服务业平均工资比较系数、每万人互联网宽带接入用户数
《湖南省区域科技创新能力评价报告2021》	科技创新投入	全社会研发投入、政府科技投入综合指标
	科技创新产出	发明专利、技术市场标、科技成果奖励及科技论文综合指标
	科技创新绩效	产业结构、产业竞争力、可持续发展综合指标
	创新平台与环境	园区发展、创新基础、平台金融环境、校企研发合作综合指标
	企业科技创新	企业科技基础及投入、企业科技活动产出、企业获政府支持综合指标
《河北省县域科技创新能力监测评价指标体系》	创新投入	地方财政科技支出、地方财政科技支出占公共财政支出的比例、规模以上工业企业研发经费支出占主营业务收入的比例
	创新主体	高新技术企业数量、千家工商注册企业中高新技术企业数量、科技型中小企业数量、千家工商注册企业中科技型中小企业数量
	创新条件	省级以上科技创新平台建设情况、省级以上创新园区、基地建设情况、省级以上创新创业服务机构建设情况

文件名称	指标体系	
	一级指标	二级指标
《河北省县域科技创新能力监测评价指标体系》	创新产出	规模以上工业企业建立研发机构比例、万人有效发明专利拥有量、规模以上高新技术产业增加值占工业增加值比例、农业产业化经营率
	创新管理	科技管理机构情况、争取上级支持与蒋丽、科技管理创新情况
美国硅谷创新指数	人口	人口变化、移民流动、非英语使用者人口等
	经济	就业率、人均实际收入、每位员工的价值创造增加值等
	社会	高中辍学率、儿童保育安排、健康保险覆盖人口百分比等
	空间	水资源、通勤方式、人均油耗、住宅密度等
	管理	选民参与、市政债务、城市税收
《"十三五"国家科技创新规划》	—	研究与试验发展经费投入强度、每万名就业人员中研发人员、高新技术企业营业收入、专利申请量、每万人口发明专利拥有量
《国家创新驱动发展战略纲要》	—	科技进步贡献率、知识密集型服务业增加值占国内生产总值比例、研发经费支出占国内生产总值比例
《关于全面提升区域创新能力加快推进国家创新型城市建设的实施意见》	—	社会研发经费占地区国内生产总值比例、高新技术产业增加值、技术合同成交额、万人有效发明专利拥有量、科技对经济贡献率

（2）民间区域创新能力评价指标的相关研究

基于上文对各类区域创新能力指标体系的评价，可以大致明确区域创新能力指标体系建设应当关注的重点方面，各个区域创新评价体系具备较强的借鉴意义，但是各有不足。在分析了区域创新能力测度的一级指标相关研究之后，本研究继续通过查阅相关文献和研究报告，对专家学者的研究成果进行总结归纳，进一步对各类二级指标进行分析，通过检索包括"区域创新体系、创新能力、指标体系构建"等在内的关键词，搜索到百余篇相关文献作为区域创新能力指标体系初步构建的依据，并筛选出被引次数和相关性等较高的15篇代表性文献以及涉及的相关指标（如表1-6所示）。

表 1 - 6　　　　　　　　民间 15 篇代表性的区域创新能力指标体系

提出者	一级指标	二级指标
罗守贵、甄峰（2000）	区域创新能力评价研究	选取实际利用外资金额、高校研发经费、研发经费占国内生产总值比例、科技活动机构数、科技成果转化率、年获专利项数、技术市场成交额、年产值 5 000 万元以上企业个数、高技术产业增加值占国内生产总值比例、万名职工中具有中级以上职称技术人员数、大中型企业技术开发投入、大中型企业中开发机构数等 52 个指标构建了一套评估区域创新能力的指标体系
朱海就（2003）	企业创新能力、网络创新能力、创新环境	选取了科技活动经费与国内生产总值的比例、财政科技拨款占财政支出的比例、每万人口拥有发明专利数、新产品产值率、每万人口拥有国际互联网用户数、外商直接投资与国内生产总值的比例、技术市场成交额与国内生产总值的比例、技改投资总额、劳动生产率等 45 个二级指标
刘凤朝等（2005）	资源能力、载体能力、环境能力、成果能力和品牌能力	选取科学家与工程师数、研发经费支出量、研发经费支出占国内生产总值比例、企业研发经费支出总量、外商直接投资、技术市场成交额、近三年发明专利申请量年均增幅、发明专利占专利授权量比例、国际论文数、近三年国际论文年均增幅、新产品产值、新产品产值占工业总产值比例、高技术出口额、近三年高技术出口额年均增幅等 32 个二级指标建立了自主创新能力评价指标体系
任胜钢、彭建华（2006）	大学与科研机构创新能力、企业创新能力、主体间联系、基础设施、需求状况、金融环境、劳动力素质	选取了研发人员全时当量、研发经费投入、科研经费占国内生产总值比例、国内外论文数量、高校与科研机构申请专利数、大中型工业企业研发人员全时当量、大中型工业企业研发经费、技术市场交易额、互联网拥有量、创新基金等 28 个指标
邵云飞、谭劲松（2006）	技术创新潜力、技术创新投入、技术创新产出、技术创新环境	选取了大专以上学历者比例、教育经费投入、吸引外资总数、科研与综合技术服务业新增固定资产占全社会新增固定资产比例、就业人员专利申请量、万人互联网用户数、吸纳技术成果金额、从事研发工作的科技人员数、研发科学家和工程师数、研发经费支出、研发经费与国内生产总值比例、三种专利授权量等 38 个二级指标
陈国宏等（2008）	区域技术创新投入、区域技术转移（扩散）、区域技术创新、区域创新支撑能力	选取了研发人员数、研究开发来自企业的资金额、国外合著期刊论文数、技术市场成交额、引进国外技术支出额、购买国内技术支出额、消化吸收技术经费支出额、外商直接投资额、专利申请受理数、规模以上工业企业增加值中高新技术产业份额、高新技术产品出口额等 42 个指标构建了一套区域技术创新能力评价指标体系

提出者	一级指标	二级指标
白嘉（2012）	创新环境、知识创造、知识获取、企业创新、创新效益	选取了研发机构个数、研发经费内部支出、发明专利授权申请数、国际科技论文数、技术市场成交额、技术市场技术流向地域合同金额、规模以上工业企业研发人员数、规模以上工业企业研发项目经费支出、规模以上工业企业技术改造经费支出、规模以上工业企业新产品产值、人均地区生产总值等 21 个二级指标建立区域创新能力评价指标体系
易平涛等（2016）	创新投入、创新产出、创新环境	选取了区域内企业研发人员全时当量、大中型工业企业开发新产品经费、大学及科研机构研发内部经费支出、科研拨款占地方财政支出比例、高技术产业投资额、企业申请专利数、高技术产业产值占工业总产值的比例、国外主要检索工具收录科技论文总数、人均国内生产总值、各地区技术市场成交额、高校、科研机构来自企业资金比例等指标构建了一套区域创新能力的评价指标体系
李春艳等（2014）	创新投入能力、创新转化能力、创新产出能力、地区制度创新能力	选取了研发人员素质、研发人员比例、人均研发经费支出、研发投入强度、企业平均拥有科研机构数、技术引进消化吸收率、人均购买国内经费支出、每万人拥有发明专利数、新产品销售收入比率、新产品产值率、科技活动经费筹集额中政府资金比例、科技活动经费筹集额中金融机构贷款比例等指标构建了区域中企业创新能力的评价指标体系
曾春媛等（2015）	知识创造能力、知识获取能力、企业创新能力、创新环境、创新的经济绩效	选取了研发全时人员当量、研发经费支出、研发经费支出占国内生产总值比例、专利申请数、国内外科技论文发表数、每十万人平均国内外科技论文发表数、每十万人平均专利申请数、技术市场成交合同数、技术市场成交合同金额数、外商直接投资额、新产品产值、新产品销售收入、每万人互联网用户数、人均国内生产总值等指标构建了区域创新能力评价指标体系
常涛等（2015）	科技创新基础、科技创新投入、科技创新产出、科技创新效益	选取了万人专业技术人员数、万人研发研究人员数、企业研发人员占全社会比例、万人就业人员专利申请量、百户居民计算机拥有量、万人国际互联网络用户数、万人吸纳技术成果金额、研发经费支出、研发经费支出占国内生产总值的比例、企业研发经费支出占产品销售收入比例、新产品销售收入占主营业务收入比例、人均国内生产总值、高技术产业增加值率等指标构建了基于资源型经济转型的科技创新能力评价指标体系

续表

提出者	一级指标	二级指标
刘新民、李芳 （2015）	科技投入、科技产出、经济贡献、社会贡献	选取了万人口科技活动人员、科技活动经费支出占国内生产总值比例、科技著作和论文、发明专利数、研发人员折合全时人员、规模以上工业企业新产品开发项目数、国家、省级科技进步奖、政府科技投入比例、高新技术产值占国内生产总值比例、人均国内生产总值、规模以上工业企业新产品出口占总销售收入比例等33个指标
王利军等 （2016）	主体能力、投入能力、内容能力、产出能力	选取了研发机构数量、政府研发经费出资额、科研机构研发中企业资金比例、研发人员全时当量、研发经费内部支出、研发经费投入强度、有效专利存量、发明专利存量比例、国外技术引进合同数、专利申请受理量、科技论文国外检索量等56个指标
刘慧 （2019）	投入能力、创新环境、管理能力、创新产出	选取了研发经费支出、研发拨款和支出增长、企业新产品开发成本、研发活动转为全职人员同等学力、每万人科学和技术人员数、科技人员占雇员总数的比例、万人高科技企业数目、万人研发机构数目、万人高等教育数目、万人互联网用户、国内生产总值比率、财政支出额占国内生产总值的比例，构建了区域创新能力评价体系
朱梦菲等 （2020）	学术新思想、科学新发现、技术新发明、产业新方向	选取了研发人员全时当量、研发经费内部支出、学术论文数、学术著作数、研究与开发机构数、重点实验室数、源于高校和研发机构的研发项目数、源于企业的研发项目数、高技术产业研发机构数、有研发活动的企业数、专利授权数、新产品开发项目平均销售收入、技术市场输出合同平均金额、专利平均所有权转让与许可收入、创新平台获得的风险投资数等40个三级指标构建了区域创新能力评价指标体系

（三）区域创新周期研究

区域创新体系是一个动态的具有生命力的系统，其演化具有周期性特点。因此，从动态的角度研究区域创新体系的变化成为学者们热衷讨论的议题。

1. 基于生态学理论

区域创新体系生命周期概念的提出者菲利普·库克（1990）认为，区域创新体系的演化过程分为单利共生阶段、差异互利共生阶段和均衡互利共生阶段。王庆金、田善武（2016）延续了菲利普·库克的想法，主要从共生单元、共生环境、共生机制、共生要素等方面对区域创新体系共生演化进行了描述。严佳鑫（2021）从共生基质、共生平台、共生网络和共生环境要素角度对甘肃区域创新生态系统进行研究，对创新系统共生度进行了测算。

2. 基于复杂自适应系统理论

一些学者运用复杂自适应系统的理论知识将区域创新体系演化发展过程划分为集聚阶段、互动阶段、制度厚积阶段和多样化阶段。集聚阶段，由于创新主体地理空间的邻近、政府的推动、市场机制的运行，导致了创新主体的集聚，外在表现为产业集聚；互动阶段，由于企业长期发展战略的需要和技术本身的公共产品特性，从表面上的产业集聚转化为产业集群内部的互动；随着区域创新体系内的制度因素成熟，相互作用、信任机制、共同愿景的产生，标志着制度厚积阶段的出现；多样化阶段，多样化阶段的出现缘于各种锁定效应的出现。

3. 基于自组织理论

一些学者运用自组织的理论知识划分了区域创新体系的演化阶段，其主要依据是创新体系的稳定性，区域创新系统会从无序稳定出发，经历轻微失稳，直到彻底失去稳定，最终走向新的稳定。

（1）无序稳定阶段

该阶段，区域内的创新主体之间并不是没有联系的，只是需要触发机制。

（2）轻微失稳阶段

区域创新系统内部企业、政府、研究机构等主体频繁的交换信息，同时系统内外交流也更为密集，知识、研发人员、研发资金等创新要素流速加快。区域创新系统因为各种因素的扰动，例如要素的流动以及创新主体之间新连接而逐渐失去稳定状态且扰动的力量逐渐大于自行稳定的力量，系统无法重新恢复之前的稳态。

（3）彻底失稳阶段

区域创新系统的失稳状态不断发展直到彻底失去稳定，自此创新系统开始向着新的不同的稳定状态推进。

（4）新稳定阶段

经过第三阶段的发展，形成了新的稳定，与最初的稳定相比，新形成的稳定更加有序化。同时，新稳定阶段在稳定一段时间后，出现复杂的非线性作用，开始新一轮的自组织路径演化过程。

4. 基于生命周期理论

更多的是基于生命周期理论对区域创新体系进行划分，基于生命周期理论的划分主要分为以下两类。

第一类是杨剑（2007）提出的区域创新体系的生命周期模型为代表的，将其发展划分为孕育期、初生期、高速发展期、成熟期和衰退/再生期五个阶段。基于该生命周期划分，他提取区域创新体系生命周期各阶段的特征，采用模糊决策的方法，建立了区域创新体系生命周期的判定模型，并以单一创新体系为例，对其所处的生命周期进行了判定。苏屹、李柏洲（2009）根据区域创新能力的高低划分了区域创新体系所处的发展阶段，重点研究了各发展阶段的政策定位。

（1）孕育期。产业集群初步形成。

（2）初生期。产业集群的初步形成推动区域创新体系的初步建立，创新主体之间的网络初步建立；创新氛围产生，比如形成一些惯例、创新基础设施初步建立。

（3）高速发展期。创新能力提高迅速，区域创新体系的特点明显，具体表现为产业集群与知识技术扩散之间形成自增强关系；专业市场形成，市场中要素流动的成本降低；创新资源与创新能力相互促进；创新行为和创新基础不断完善。

（4）成熟期。区域创新体系逐渐内嵌于区域经济系统中，与区域的区位优势、资源禀赋、人文环境等相适应而具备地区特色。这一阶段，区域创新系统各部分协调发展，运行稳定。

（5）衰退/再生期。区域创新体系的运行机制出现问题，激励创新主体的力量减弱，创新网络也不具有成熟期的活力，逐渐萎缩，进而影响到区域整体的创新投入、产出和应用。

第二类生命周期理论是以王亮（2011）的研究为代表，依据区域创新体系内的技术变化情况将其划分为起步、成长与成熟三个阶段。基于此，学者们对该演化过程展开进一步的分析，将区域创新体系的发展阶段划分为诞生、成长、成熟和衰退（更新）四个阶段；王利军等（2016）将区域创新体系发展历程划分为起步、成长、成熟与交替四大阶段，在此基础上，构建了区域创新体系发展阶段识别指标体系，并采用灰色关联分析的方法识别了中国大陆地区 30 个省域创新体系的生命周期发展阶段。苏屹等（2019）运用定性的方法将区域创新系统发展划分为萌芽期、高速发展期和成熟期三个阶段。

（四）研究评述

现有研究在区域创新体系和区域创新能力研究方面已经积累了丰富的文献，提出诸多具有参考价值的理论观点，但仍面临一些亟待深入研究的问题。

第一，目前，国内外有关区域创新体系的研究基本上停留在现象描述的层面，即对区域创新体系的内涵、结构和运行机制比较关注，而关于区域创新体系演化过程的研究则不多见。事实上，作为一个由众多创新主体和相关因素构成的复杂系统，区域创新体系同企业一样，也遵循由简单到复杂、由低级到高级的成长过程。因此，可以用生命周期理论反映区域创新体系的发展过程，以此诊断区域创新体系发展中存在的或将要发生的问题，从而制定与其成长相适应的战略措施，逐步完善区域创新体系，实现可持续发展。由此可见，区域创新体系理论发展的内在逻辑和区域创新体系建设实践，迫切需要区域创新体系研究实现从现象描述向动态演化分析的跨越。

第二，保持区域创新能力与区域创新体系生命周期的动态协调与均衡，是区域创新体系持续发展的前提和保证。然而，纵观国内外区域创新能力要素的研究成果，不难发现，现有的区域创新能力要素模型均是通过要素分析和罗列的方式建立起来的，学者们对要素之间的逻辑关系以及要素本身的可测量性，并未做出严密的分析与论证，从而难以反映区域创新能力结构的有序性以及由此而决定的区域创新能力表述形式的层次性。因此，需要在现有区域创新能力评价研究的基础上，提出具有普遍意义的区域创新能力要素模型，以便为区域创新能力的测度和动态分析提供科学的理论基础。

第三，尽管许多区域都已认识到，制度安排、战略调整、科技投入、基础设施建设等作为区域创新能力的构成要素是区域创新体系建设的关键所在，但是这些不同的作用要素在区域创新体系发展过程中呈现何种动态演化特征？在区域创新体系的不同阶段，哪些要素是区域创新体系建设的关键"控制变量"？这些问题的解决对于区域创新体系建设的战略与对策设计具有极为重要的现实意义。然而，区域创新能力与区域创新体系研究之间还没有建立起相互支撑、相互融合的逻辑通道。随着创新型国家建设实践的推进，亟须对区域创新体系生命周期各阶段创新能力的适配关系以及演化规律进行深入的分析和探讨，以便为区域创新体系发展对策设计提供指导。

基于上述问题，本研究基于创新能力适配的区域创新体系演化机理，分析区域创新体系生命周期各阶段与区域创新能力各构成要素之间的适配关系，揭示区域创新体系生命周期创新能力要素的动态演化规律，进而构建区域创新体系生命周期的识别模型。通过选取国内典型区域进行案例研究，为推进我国区域创新体系的整体建设提供理论与实证支持。

三、研究内容和研究方法

（一）研究内容

基于以上分析，本书将区域创新体系生命周期创新能力演化规律分析、区域创新体系生命周期识别模型构建和区域创新体系政策改革方案集成到一个总体框架中进行研究，使区域创新体系的研究实现了从现象描述向动态机理分析的跨越，同时又能与自主创新的现实需求有机衔接。全部研究以机理分析和理论建模为基本工具，综合运用语言模型、框图模型和数量模型，通过揭示区域创新体系生命周期创新能力的动态演化规律，并基于演化规律建立区域创新体系生命周期的识别模型，在此基础上对国内典型区域进行案例分析，阐明案例区域在区域创新体系不同阶段创新能力的演化特征和提升策略，为区域创新体系发展政策设计提供科学依据。

全书主要内容共有七章。

第一章为绪论，对本研究涉及的区域创新体系的背景、该领域已有的文献进行综述，并在此基础上提出本研究的内容和方法，为后文的研究提供理论基础。

第二章为理论基础与概念界定。对涉及的相关理论进行介绍，借鉴相关研究成果，对研究所涉及的区域创新能力适配和区域创新体系生命周期演化等相关概念的内涵进行界定和分析，初步搭建基于创新能力演化的区域创新体系发展研究的概念体系。

第三章为区域创新能力要素模型与指标体系构建。首先对已有区域创新能力要素模型进行分析，并借鉴国内外相关研究成果，构建创新能力六维要素模型（创新环境、创新网络、创新资源、创新效率、创新成长、创新成果）。之后，根据政策文件和相关文献，确定区域创新能力的指标体系，进一步利用专家咨询法和因子分析法对指标体系进行优化，形成最终的区域创新体系和创新能力指标体系。

第四章为区域创新体系生命周期创新能力演化规律。本章分为两个部分：一是区域创新体系生命周期阶段创新能力演化模型的提出。针对区域创新体系生命周期各阶段的动态适配关系进行理论分析，构建区域创新体系生命周期创新能力演化的理论模型，并提出研究假设。二是区域创新体系生命周期创新能力演化理论模型的实证检验。通过设计问卷对专家进行调查，就区域创新体系生命周期各阶段创新能力要素的重要性进行排序，在对问卷结果进行整理的基础上，对调查结果进行方差分析并检验，对提出的假设进行验证。对理论模型进行修正，并进一步对区域创新体系生命周期各阶段创新能力要素的动态演化规律及各阶段的价值目标与相应的创新能力策略展开分析和讨论。

第五章为区域创新体系生命周期识别研究。本章分为两部分：一是区域创新体系生命周期识别模型设计。通过对现有的识别模型进行分析，最终选择扰动属性模型构建区域创新体系生命周期识别模型。在此基础上，采用基于客观熵权法和主观模糊标度法建立区域创新能力要素的组合评价方法，以确定要素指标的权重。二是区域创新体系生命周期阶段的确定。运用柯西型隶属函数划分区间，将计算得到的区域创新能力要素评价分值转化为重要性程度的语言描述，在此基础上依据区域创新体系生命周期各阶段创新能力要素的适配关系，对区域创新系统生命周期阶段进行识别。

第六章为创新能力组合模型与生命周期适配关系研究。本章选取海南省、山西省、重庆市和江苏省分别作为初生期、初生期—成长期、成长期、成长期—成熟期的典型案例，对几个区域创新体系的主导能力进行分析，进一步验证创新能力组合模型与生命周期的适配关系。

第七章为区域创新体系研究主要结论及未来展望。本章包括本研究的主要研究结论、区域创新体系运行相关政策建议和研究展望三部分。

（二）研究路线

本研究通过对区域创新能力等相关概念进行界定、对区域创新能力要素进行提取以及对区域创新体系生命周期演化阶段进行划分，以此构建基本的理论框架。在理论框架分析的基础上，通过构建和修正模型，对区域创新体系生命周期创新能力演化规律进行研究。通过建立区域创新能力要素指标体系、区域创新能力要素评价方法确定，以及区域创新能力要素得分语言转换几种方法，构建区域创新体系生命周期识别模型。选取案例，运用本研究所构建的模型对样本区域进行界定和研究，为样本区域的区域创新体系发展提供政策建议。由此，本研究采取如下研究路线（见图 1 - 1）。

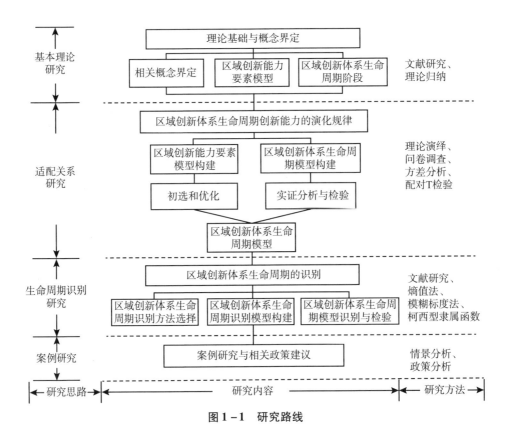

图 1 - 1　研究路线

（三）研究方法

本书采取规范研究与实证研究相结合的研究方法，科学系统性地研究基于创新能力适配的区域创新体系演化发展研究。全书主要运用以下研究方法。

第一，通过文献研究、理论归纳等方法对区域创新能力适配和区域创新体系生命周期演化的相关概念进行界定，在此基础上提炼出标度区域创新能力要素的变量，划分出区域创新体系生命周期的发展阶段。

第二，运用理论演绎方法提出区域创新体系生命周期创新能力演化的理论模型，并通过问卷调查获取实证数据，在此基础上运用方差分析和配对 T

检验等统计分析方法对上述理论模型进行实证检验。

第三，综合运用相关理论模型、政策文件与文献查询，构建区域创新能力六维要素模型，确定区域创新能力要素的指标体系，同时采用基于客观熵权法和主观模糊标度法建立区域创新能力要素的组合评价方法确定要素指标的权重，在此基础上运用扰动属性模型构建区域创新体系生命周期的识别模型。

第四，运用区域创新体系生命周期识别模型对国内典型区域创新体系生命周期所处阶段进行识别，运用问卷调查和情景分析对样本区域现行的科技创新政策、创新能力的演化发展规律进行分析，在此基础上对样本区域创新体系发展提出合理可行的政策建议。

四、研究创新

第一，现有研究中的区域创新能力要素模型多是通过要素分析和文献罗列的方式建立的，缺少要素间逻辑关系的严密分析与论证。为弥补这一不足之处，本研究构建具有普遍意义的区域创新能力六维要素模型，以便为区域创新能力的测度和动态分析提供科学的理论基础。借鉴经典创新能力分析框架的合理成分，按照能力生成的逻辑关系，将区域创新能力要素分成创新环境、创新资源、创新成果、创新网络、创新效率、创新成长六个功能模块，建立区域创新能力六维要素模型。在此基础上，通过查阅相关的政策文件和研究文献，初步构建区域创新能力指标体系，然后利用专家咨询法、因子分析法对其进行优化，最终得到本研究的区域创新能力指标体系。

第二，现有关于区域创新体系的研究大多还停留在现象描述层面，缺乏对区域创新体系演化过程的分析。为弥补这一不足之处，本研究揭示区域创新体系生命周期创新能力的动态演化规律，阐明区域创新能力要素与区域创新体系生命周期之间的动态适配关系。本研究提出区域创新体系生命周期创新能力演化的理论模型，并通过问卷调查和实证研究进行检验和修正，厘清区域创新能力要素与区域创新体系生命周期的适配关系，揭示区域创新体系生命周期创新能力的动态演化规律，为制定与区域创新体系生命周期相适配的创新能力策略提供理论启迪。

第三，基于现有研究较少关注到区域创新能力要素在区域创新体系发展过程中呈现的动态演化特征这一不足之处，本研究建立区域创新体系生命周期的识别模型，为区域创新体系生命周期判定提供可操作的工具。选择基于构建基于扰动属性判定模型的区域创新体系生命周期识别模型，以区域创新体系生命周期创新能力的动态演化规律为依据，将区域创新能力要素的评价分值转化为重要性程度的语言描述，从而实现对区域创新体系生命周期演化识别模型的构建。

五、本章小结

本章从国内发展阶段和创新的重要性出发，提出了主要研究问题：区域创新体系的演化发展规律以及如何对区域创新体系的发展阶段进行识别。围绕区域创新体系、区域创新能力和区域生命周期三个议题，对当前国内外的相关研究进行了分析与述评，指出区域创新体系生命周期演化发展研究的前沿，指出已有研究的不足之处。目前，对区域创新体系的研究还主要停留在静态阶段，缺乏对创新能力各构成要素之间相互联系的理论分析，没有对这些要素在区域创新体系动态变化中如何作用等问题深入探讨。本章提出了从基础理论和概念出发，构建区域创新能力要素模型，提出区域创新体系生命周期模型的理论框架以及对应的实证设计这一研究思路，对具体的研究内容和研究方法、研究路线进行了说明，对本研究的创新之处进行了总结。

第二章

理论基础与概念界定

为丰富区域创新体系的相关研究，科学合理地分析区域创新体系演化发展和创新能力要素的重要构成，本章简单回顾了相关的重要理论，对研究涉及的核心概念进行了界定，对区域创新体系生命周期的演化规律与机制进行了初步讨论，为后续构建区域创新能力要素模型、分析区域创新体系生命周期演化规律提供一定的理论基础。

一、理论基础

（一）区域创新系统理论

研究者认为，创新是企业熟悉并利用新的知识和技术用于生产新的产品或者提高生产效率的过程。但是，生产并不局限于制造业，不可忽略服务业生产无形产品的创新过程。为此，一些学者认为针对创新的研究不应该只局限于企业层面，也不应该仅仅关注制造业企业层面，而应该在更广泛的领域对区域创新能力的影响因素进行讨论。此外，更为重要的是，制度和政策可以更加直接地激励企业投入创新活动，推动创新产出。从区域形成这个角度来看，贸易和人口流动加快了文化的交流与传播，使越来越多的地区在文化方面产生趋同性，因而可以用这些文化差异来宏观地区分不同区域。换句话说，一个具有相似文化的地区内部，往往存在着很多相互联系的个体区域，可以进一步将其类比为处于全球化进程中的不同国家和地区。因此，国家创新系统也可以纳入区域层面进行讨论。创新系统理论特别强调了非物质因素，例如文化和制度对创新能力发展以及区域经济增长的影响。这种影响是复杂且持久的，对区域创新系统的短期影响是难以预测的。因此，从演化经济学的角度，菲利普·库克（1997）对"区域""创新"和"系统"等概念进行了重新定义，并根据之前的研究提出了区域创新系统。库克认为，考虑到区域间的异质性，简单地对其内部地区进行累加是无法代表该区域的。由于创新是个过程变量，始终在发生变化，因此，新古典经济学的静态均衡分析并不十分实用，进化经济学的分析方向更加适合创新研究。其中一个典型的模型是相互作用创新模型，它包括创新知识的产出和创新知识的应用，同时将人分为两类：实践用户和生产知识的生产者。相互作用是一个社会过程，不仅是知识的产生和应用，还包括创新过程和实践者的反馈，对新知识的开发，知识的传播等内容。

菲利普·库克（1997）认为，技术创新和区域经济的结合不必仅仅只关注经济层面，他从创新系统的概念出发，对区域创新系统的概念进行了更新。这个观念主要来自两个方面：一是对创新系统的深入研究；二是由于硅谷等的崛起而引发的针对区域高新技术产业、创新产业园区、创新网络和项目的区域分配以及政策效应等方面的研究。某地区产业链上下游之间的合作推动了产业聚集，最终产生了区域创新系统，为从区域层面研究创新提供了新思路，并最终形成了区域创新系统的概念。区域创新系统理论在形成的 20 多年间飞速发展，目前，比较有影响力的主要有：三螺旋理论、四螺旋理论和区域创新生态系统理论。

1. 三螺旋理论

三螺旋理论是描述知识型社会中，大学、产业和政府之间关系的互动模型，主要讨论的是如何通过大学、产业和政府之间的互动来实现区域的创新绩效最大化。协同发展是科技创新的核心和动力，应该通过加强三者之间的协同关系来推动知识的生产、转化、运用、升级，从而实现创新并应用于现实的目标。其中，大学是知识密集网络转换的核心，在知识型社会的创新过程中发挥着越发重要的作用。三者之间的互动关系如图 2 - 1 所示。

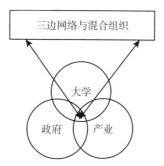

图 2 - 1　"大学—产业—政府"关系的三螺旋模型

以三螺旋为基础的知识生产模型具有四个特征：第一，大学学术界参与创新。在三螺旋模型中，学术界逐渐成为创新的重要动力，其与产业和政府之间变得密不可分，合作与协调愈发密切。第二，"大学—企业—政府"关系密切。在机构间相互依存度不断提高的时代背景下，学术机构的创新参与度逐渐提升，这为三者之间的共同进步创造了前提和可能，同时也产生了越来越多的混合性组织。第三，大学地位发生变化。三螺旋模型赋予了大学传统教学和研究之外的新使命——推动经济发展。第四，跨学科合作。三螺旋模型特别强调跨学科合作的重要意义，尤其是先进技术研究领域，这些领域的研究很大程度上需要不同学科领域共同的理论和方法支持，如纳米技术领域。

2. 四螺旋理论

三螺旋模型聚焦于"大学—产业—政府"之间的互动关系，在区域创新达不到预期水平、区域经济增长和就业不理想的时候，其有效性受到了一些研究者的质疑。三螺旋模型的关注重点是知识在不同主体之间的双向流动性。

然而，区域创新政策不仅要求流动，还要求纳入更广泛的参与者进行创新协作，这就需要更符合当今开放式创新和共同创新的新模型——四螺旋模型。埃利亚斯·卡拉扬尼斯（Elias G. Carayannis, 2012）和戴维·坎贝尔（David F. J. Campbell, 2002）在三螺旋模型的基础上增加了公民社会，将其作为第四重螺旋。四螺旋理论提倡知识社会观，重视知识生产与创新的知识民主，解释了知识生产应用的复杂性。四螺旋模型的互动关系如图 2 - 2 所示。

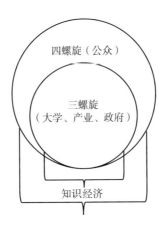

图 2 - 2　"大学—产业—政府—公众"关系的四螺旋模型

3. 区域创新生态系统理论

美国总统科技顾问委员会认为，美国拥有发明家、技术人才、劳动力、创业者、世界顶级的研究型大学、研究中心、政府和风险资本产业等共同组成的创新生态系统，为其能够在全球经济占据的主导地位提供了有力的支撑。根据总统科技顾问委员会（The President's Council of Advisors on Science and Technology，PCAST）发布的报告《创新生态中的大学与私人部门研究伙伴关系》，创新可以看成是新知识、新技术的生产过程。而作为科技创新发展的重要首选战略手段，创新生态系统将创新、科技和经济更为紧密地联系在一起，有利于实现价值的创造和增值。罗恩·安德纳（Ron Adner, 2006）首先提出了创新生态系统的概念，他认为创新生态系统是企业通过各自所提供的产品进行整合，形成一个连贯的、面向客服的解决方案的协同安排。奥夫·格兰斯特兰（Ove Granstrand）和马库斯·霍尔格森（Marcus Holgersson，2020）对创新生态系统的常见定义进行总结，创新生态系统的定义通常强调参与者的协作互补创新，并不常考虑竞争替代效应。

区域创新生态系统是创新生态系统的区域层面，其概念定义深刻根植于创新生态系统。区域创新生态系统理论具有三个主要特征：第一，区域创新生态系统中的要素之间互为作用、彼此依赖；第二，区域创新环境中的合作互动、可靠性、交互性等行为对区域创新生态系统中创新要素间的互动有效性产生重要影响，进而决定最终的创新绩效；第三，区域创新系统有其自身的演化规律，不同阶段中的主导主体不同，政府、企业、研究机构等主体的作用也存在差异。从这一角度来看，当前我国正处于经济转型时期，市场尚未完全建立，因此政府在区域创新生态系统中处于主导地位，起到提供基础设施、引导产业和资金走向，吸引人才等重要作用，探讨政府的作用对于区域创新生态系统的构建具有十分重要的意义。

（二）生命周期理论

生命周期这一概念最早来源于生物学领域，它描述了任何事物都存在着一个从产生到灭亡的过程，这一从形成到消亡的完整过程被称为一个生命周期。此后，这一理论的外延不断扩大，逐渐扩展到经济学、管理学等多个领域，产品生命周期理论、企业生命周期理论、区域生命周期理论、区域创新体系生命周期理论等被相继提出。

1. 产品生命周期理论

产品周期理论强调新产品从进入市场到最终淘汰要经历形成、成长、成熟和衰退四个阶段。第一，产品形成阶段。新产品刚进入市场，此时产品的质量和产品是否能满足市场需求以及生产所需的原材料是否能稳定供给是关注的重点。此时，市场上缺乏替代品，新产品的需求价格弹性较低，企业采取高价策略可以迅速收回成本，并取得较大的利润，企业的生产规模扩大，逐渐占据整个国内市场。第二，产品成长阶段。此时，产品的质量和生产相对成熟，原材料的供给也相对稳定，企业的主要目的是降低生产成本。企业为了寻求规模经济不断扩大生产规模，新产品逐渐进入国际市场，全球的市场规模不断扩大。第三，产品成熟阶段。生产规模已经达到了规模经济的转折点，企业在国际市场上趋于稳定和成熟。第四，产品衰退期。市场上出现了大量替代品，产品的市场需求逐渐减小，市场规模开始出现缩小的趋势，新产品进入市场，新的产品周期循环再次开始。

2. 企业生命周期理论

企业生命周期理论认为企业的资源、结构、决策制定和战略目标等方面将会随着企业发展阶段的不同而存在着明显的差异。主流研究将企业生命周期划分为初生、成长、成熟和衰退四个阶段。第一，企业初生期。此时的企业处于创立起步阶段，内部组织构架和管理制度还没有完全形成，企业规模小，管理层简单，决策程序不规范，通常由企业家本人负责整个企业的管理工作，代理问题并不严重。同时，自由现金流和可调动资源也相对匮乏，这一阶段企业的主要目标是能够在市场中存活下去。当企业凭借过硬的能力或产品在市场中占据一定的地位时，企业就会开始转入成长期阶段。第二，企业成长期。企业在市场上已经取得了初步的成功，产品类型将会变得复杂。企业规模迅速扩张并建立了以职能为中心的组织机构，开始引入职业经理人，一部分管理权力被分配给中层管理者，决策程序逐渐规范化。企业现金流和可以调动的资源逐渐增多，企业这一阶段的主要目标是快速扩大销量积累资源，从而实现企业规模扩张，才能在同类竞争中取得优势地位。第三，企业成熟期。此时产品的销售收入趋于稳定，难以像前两个阶段一样快速增长。企业开始产生正的经营现金流，筹集的资金和资源增加。公司的经营决策由几个核心管理者共同完成，公司组织结构开始出现官僚化的现象，为了控制生产和运营成本，企业内部出现规范性的监督机构。这一阶段企业的主要目标是保持生产运营状态的稳定性并追求更高的经营效率。稳定的成熟期过后，企业可能会出现复苏迹象，通过转型来实现新的增长。第四，企业衰退期。销售收入随着产品市场的萎缩开始逐渐衰减，企业发展停滞不前。企业组织结构进一步僵化，官僚主义更为严重。企业创新能力下降和外部环境的挑战都会导致企业的盈利水平下降。这一阶段企业的主要目标是进行资产转移或者产品更新，从而有机会开发新市场。

3. 区域生命周期理论

任何事物都有一个产生、发展、成熟到衰退的过程，被称为生命周期。该理论认为，一个地区一旦进入了工业化进程，就会如同一个有机生命体一样遵循规则的变化次序发展，从年轻到成熟再到老年阶段。学者们将区域生命周期分为了起步、成长、成熟和衰退四个阶段。在起步阶段，区域的特定区位、资源优势尚未被开发，处于原始状态，支柱产业主要以劳动密集型产业和农业为主，经济发展缓慢。之后随着区域的比较优势突然被发现，区域进入成长期，资本、技术、人才迅速涌入，市场剧烈扩张，区域具有明显的竞争优势，第一产业比重迅速下降，而第二、第三产业不断上升，同时区域的城镇化水平也不断提高。在成熟期，区域发展战略成功实施，各类生产要素协同发挥作用，区域产业集群成熟。相对于处于成长期区域，成熟期的区域已经处于领导地位，产业结构完善，经济发展稳定，通过具备专业知识的管理人员流动和中间品影响到其他区域，区域间合作加强的同时，竞争也不断加剧，区域城市的现代化水平和城乡一体化水平不断提高。当区域内现有的技术、制度等不再相互适应或遭遇重大变故后，区域经济可能进入衰退期，产业结构趋同，企业间竞争加剧而创新减少，成熟工业区存在的成本优势完全丧失，市场被转移。其他区域由于具有更为低廉的原料供应和技术劳动力而处于优势地位，衰退区域由于厂房机器过时、税收过多等原因，区域资源吸引力逐渐减弱，陷入膨胀或者萧条。但是衰退区域也可以通过创新来进入新一轮的生命周期。

4. 区域创新体系生命周期理论

区域创新体系是由各种因素组成的复杂系统，它并不是一成不变的。由于区域创新系统最重要的能力是创新能力，所以其生命周期很大程度上就是创新能力的生命周期。借鉴国内外的相关研究，可以将区域创新体系的生命周期划分为初生期、发展期、成熟期和衰落/再生期四个阶段。初生期，区域创新系统初步建立，创新主体之间开始建立互动关系，相互学习合作，这一阶段，企业、高校和科研院所之间的联系较少，合作创新的益处还没有完全显现。发展期，区域创新系统飞速发展，创新能力迅猛提升，创新主体之间联系日益密切，各种新技术、新观点、新知识相互传播，知识的快速流动推动着区域创新体系的创新能力飞速提升。同时，由于技术流动、知识溢出和信息共享，创新主体之间的竞争日渐激烈，推动着企业进一步技术创新。成熟期，区域创新系统逐渐成熟，创新能力稳定发展，创新系统内部各要素已得到发展，形成了具备区域特色的创新体系，创新主体和创新要素之间协同发展，系统稳定。衰退/再生期，经过长期的发展，区域创新系统可能走向衰落。创新的知识溢出不仅会带来正向效应，也有可能导致"搭便车"等行为，造成恶性竞争。同时，区域创新系统包含的要素种类繁杂，且期间的互动关系十分复杂，其中任何一个环节出现问题，都可能导致整体效率和创新能力的下滑。此外，区域创新系统也可以进行突破，进行有效技术创新来进入下一轮的生命周期。

（三）演化经济理论

演化经济思想起源于 19 世纪下半叶的德国历史学派，在 20 世纪 80 年代后得以迅速发展。演化经济的核心思想来源于生物进化和自然科学的基础，用动态、演化的视角来分析经济的现象和规律。

1. 演化经济理论的研究范式

演化经济学注重制度的研究，其研究范式将能动和结构主体视为同等重要。英国学者杰弗里·霍奇逊（Geoffrey M. Hodgson）是演化经济学的代表人物，他根据本体论、方法论和隐喻这三个标准将演化经济学的内涵加以界定。

（1）本体论标准——新事物

经济的演化伴随持续的或周期性出现的新事物和创造性，并由此出现制度、规则、商品和技术的多样性。本体论强调新事物的不确定性，在环境的影响下，新事物的出现和形成会经历一系列选择和变异，最终形成与其他事物不同的新事物。

（2）方法论标准——还原论

方法论标准主要划分演化学说中是否反对还原论的问题。在社会科学领域，还原论表现为"方法论的个人主义"，主张一切社会现象的结构和变迁都是在个人层面上根据个人的个性、目标和信念加以解释的，将社会经济现象还原到个体及其相互关系上。通过原子式和个体单位合成复合体，以此来解释经济系统中的复杂性。杰弗里·霍奇逊认为还原论存在局限性，难以处理普遍问题，比如不能用计算来解决生物学问题，也不能用数学来解决力学上的三体问题。因此，预支相对的观点——反还原论出现了。反还原论认为，复杂系统在不同层次上都存在着各自的特性，不同层次之间的特性是相互关联又有所区别的，更高层次的特性分析不能实现对基本元素的完全解释。经济学应该是反还原论的，不能将一个层次完全还原到另一个层次并得到完全的解释。

（3）隐喻标准——生物学

在理论上是否广泛使用生物学隐喻也是一个重要的划分标准。一些学者认为应当在经济学中探讨生物学隐喻，另一些学者则认为经济学应该以机械系统为范式，与生物学隐喻保持距离。

杰弗里·霍奇逊将接纳新事物并反对还原论的演化经济学称之为真正的演化经济学，其中生物学隐喻并不是硬性标准。演化经济学的研究范式对于了解和进一步运用演化经济学理论具有十分重要的意义，以研究范式为标准，才能进一步不断探讨演化经济学的深层理论。

2. 演化经济理论的形成

20世纪70年代，经济学家理查德·纳尔逊（Richard R. Nelson）和悉尼·温特（Sideny G. Winter）发表了一系列文章，奠定了演化经济学的思想基础。在此基础上，《经济变迁的演化理论》于 1982 年出版，是演化经济学形成的重要标志。

理查德·纳尔逊等人认为演化理论的构成要素是实体与环境。实体主要是指现实中的经济系统与企业，它们在生物学上具有遗传与变异的特性，在经济学中则为惯例与创新。环境分为相对静态与动态两种。他们认为进化论中的"自然选择"在经济系统中同样适用，经济系统中的企业就如同自然界中的物种，彼此之间是优胜劣汰、相互竞争的。只有盈利的企业才能不断壮大，而亏损的企业则会逐渐衰败，符合适者生存的自然规律。在这样的环境中，只有进行不断的创新，才能在竞争中处于优势地位，创新是经济发展的动力和源泉。

理查德·纳尔逊与悉尼·温特探讨了企业随环境变化做出的技术、组织、管理等方面的创新，进而分析影响企业创新的因素。他们强调市场在环境选择中的重要作用（当然还有非市场的因素）：用户、竞争者、利润的可得性以及保证独占创新收益的制度安排，是影响创新成功与否的重要条件。

在演化经济理论中，创新存在着两种模式：在静态环境中，企业在生产中发现和利用这种创新机会；在动态环境中，企业则通过主动地"搜寻与选择"来实现对创新机会的发现与利用。其中特别强调，只有在动态环境下，创新机会才会内化于技术创新的主体中。只有创新成果与创新环境相辅相成时，创新才能最终确立。

3. 演化经济理论的三个基本概念

（1）惯例

演化经济学发展到中后期开始注重个体发生的研究，认为企业存在着某种固定的处事方式。"惯例"在演化经济学中被定义为一切可以预测的、程序化的企业行为方式。企业是一种有历史性的以经验为基础的生产性知识集合体，企业的经营特点、增长率和企业搜寻三个方面共同决定着企业能力、程序和规则，这就决定着企业演化的路径和范围被控制、复制以及模仿。企业的这种"惯例"如同生物学上的遗传基因，一方面通过企业之间的学习模仿被遗传，另一方面根据环境的变化而改变。"惯例"是有限理性下学习的结果，使企业具有路径依赖的同时，也决定着企业的多样化。

（2）搜寻

搜寻是一种由惯例指导并改变惯例的过程。企业通过"搜寻"，在当前选择中寻找能够解决问题的方案，这也是企业的适应性学习以及创新的过程。对现有的"惯例"进行评估，改变现有的惯例，从而用新惯例来取代旧惯例。"搜寻"是一种不确定性行为，存在着非效率的可能性，并且具有历史性和历史依赖的特点。"创新"是一种创造性行为，要创造出原来所没有的技术和惯例。相比较于"创新"，"搜寻"更加强调"选择"，选择就必须考虑环境因素，这对企业最终的兴衰是至关重要的。

（3）选择

"选择"意味着挑选机制存在于群体中，这个挑选机制与已经实现的行为标准之间相关联。企业的选择环境会影响企业是扩张还是收缩，同时也会影响其相应的程度。这种选择环境不仅取决于企业的外部情况，也取决于其内部行为和特点。企业的选择就是在选择环境约束的基础上做出适应性安排，这个过程有可能导致多样化，也有可能淘汰多样化。

二、相关概念界定

（一）区域创新能力适配

1. 区域创新能力的概念

区域创新能力总体来看是一个地区的创造新知识，并利用知识对生产和制度进行创新，以更好地利用生产要素进行经济活动的能力。随着区域创新理论在研究中得以不断发展，区域创新能力的概念也不断演变。随着研究目的的不同，区域创新能力的定义也有所差异，在进行研究之前，需要对其加以明确界定。

当前，国内外区域创新能力的相关研究中，对区域创新能力尚未有完全统一的界定。部分学者从创新潜力出发，将区域创新能力界定为区域创新能力的未来前景。另一些学者则从创新的角度出发，黄鲁成（2000）将区域创新能力界定为区域技术和制度创新能力，甄峰等（2000）认为创新能力是将创新成果应用于生产的能力，强调创新的应用和与经济活动的联系。尼古莱·福斯（1996）等强调了区域内部协同创新的重要性，将区域创新能力界定为区域创新网络能力，大量难以编码的隐性知识存在于区域创新网络中，决定了区域创新能力的强弱。

上述对区域创新能力的界定大多强调了区域创新的不同方面，而想要全面定义区域创新能力的内涵，就要对"能力"进行准确定义。"能力"代表一种素质，以表现形式作为划分依据，通常可以将能力分为器物层次、制度层次以及文化层次三类。器物层次上的能力包括各种生产方法和物质成果形式的能力，如资本、劳动和技术；制度层次上的能力通常包括以各种规范形式表现的能力，如法律条例和内部规定；文化层次上的能力通常包括精神和心理方面的能力，如世界观、价值观和思维方式。而区域创新能力不等同于个人的创新能力，因此一般不上升到包含精神和心理的文化层次，主要表现为器物层次和制度层次。从器物层次来看，区域创新能力是指区域创新的投入，如资本投入、人力投入和产出。例如新产品、新技术、新服务等。区域创新能力不同于企业创新能力，还需要考虑制度层次，例如区域内主体的合作交流，各类政策、市场对创新的支持等。能力是根据目标需求来衡量的，因此区域创新能力并不是单纯的以创新为目的，而是以区域经济发展为最终目标。

基于以上对"能力"概念的界定，将区域创新能力定义为：在一定的地域范围之内，将地区经济发展视为目标，通过区域内的创新主体及其相互协作，将创新资源进行高效合理配置，从而提升企业将新知识（技术研发）转化为新产品、新服务和新工艺的能力，最终实现将知识价值转化到技术和产品生产中去。

2. 区域创新能力适配的概念

区域创新能力提升不是区域发展的最终目的，而是要将创新的知识转化到技术和产品中去，从而带动区域经济发展。因此，区域创新能力并不是单一维度的。从产出成果看，可以包括技术创新、管理创新、模式创新等方面，各个方面的侧重点也有所不同。例如，技术创新成果着眼于提升区域产品竞争力，而管理创新成果着眼于创新资源使用效率不足等问题。区域创新能力在各个方面的发展并不是齐头并进的，而是立足于区域发展的实际情况，因而产生了区域创新能力适配的问题。

区域创新能力适配特性可以理解为在区域发展中，区域创新能力的"合适性"和"有用性"。由于不同区域之间的制度条件、文化背景和经济水平等千差万别，对区域创新能力的各维度的要求也存在较大差异。因此，创新能力要与区域的发展水平和发展特点相适应，以满足其发展需要，保持区域创新能力供给和需求的基本平衡。

上述定义包含区域发展适配的创新能力必须具备两个条件：（1）包含人力资源、知识和资本等要素的区域创新能力要和区域发展的实际情况相适应，各种类型的创新成果能够有效解决区域发展的难题，从区域层面的模式创新到企业层面的知识创新应当立足于区域发展的需求，即"合适性"。（2）要保证创新能力在特定制度、区位和文化背景下能够有效带动区域产业发展和经济增长，而不是单纯的创新产出的提高，即"有用性"。

区域创新能力适配不是一个静态的概念，而是与区域长期发展相适合的动态的概念。一方面，区域在不同的发展阶段通常要求不同的创新能力水平；另一方面，区域创新能力的发展也有其自身的内在逻辑。只有在长期的动态中实现区域创新能力与区域发展相适应，才能够始终将区域内的知识高效地转化为区域内产业所需的新工艺、新技术和新产品，真正实现区域长期稳定的增长。

（二）区域创新体系生命周期演化

1. 区域创新体系的概念

产业聚集带来的经济发展以及国家创新体系概念的提出，引起了区域创新体系的研究热潮。硅谷的成功经验也进一步推动了学者们对区域创新体系的重视。目前，国内外学者对区域创新体系进行了多角度的研究，虽然目前尚未达成统一的定义，但整体来看，区域创新体系包含以下五方面。

（1）区域创新体系是在一定对象范围内产生的

目前，区域创新体系的相关研究大多考虑的是特定地域范围内的创新活动，因此区域仍旧是区域创新体系的重要特点。本研究中的区域是经济学意义上的区域，即区域经济。区域经济具有以下特点：经济区域是人为划分的，是人进行经济活动的产物；经济区域不能被无限分割；经济区域不是固定不变的；经济区域的范围是开放边界的，大小是相对的；区域创新体系一定是在一个特定地理空间上，这个地理空间的大小是相对的。与地球相比，国家是一个区域，以国家作参照，则省、区、市都是一个区域，一般来讲，区域是在特定环境下，进行创新的最佳规模。

经济区域并不等于行政区域，两者是不同范畴内的定义。但是经济区域与行政区域在实际研究中又是相互关联的。在不同的划分标准下，经济区域和行政区域既可以相同，也可以不同，这最终由研究目的决定。本研究针对的区域是介于国家创新体系和创新主体之间的区域。由于我国政府在区域创新主体运行中起到了至关重要的作用，因此，本研究将省、自治区和直辖市作为区域研究范围，在划分区域时，以省、自治区和直辖市的行政区划为主。

（2）区域创新体系需要创新主体的参与

一般来讲，创新主体主要由研究机构、高等院校、企业、政府和中介机构五部分构成。具体来讲，研究机构是区域创新体系中进行科技创新的中坚力量，主要位于技术创新环节中的基础研究阶段。高等院校和研究机构都是区域创新体系的创新源，是知识传播的主体。不同的是，其作为知识的传播和人才输出的场所，在这里可以对生产的知识进行学习和应用，高等院校还是知识创新和生产的主体，具有信息流动和人才培养功能，为区域培养和输送了大量优秀的专业技术人才，推动了区域技术创新体系的建设。企业一般被定位于应用研究和商业化阶段，企业不仅是区域创新活动的主体，还是创新活动的执行者，由科研机构和高等院校研发的科研成果和培养的人才首先流向企业。理论上，企业是区域创新活动中最活跃的因素。政府是区域创新体系中的政策制定者，不直接参与区域创新活动，但对创新活动具有重要的影响，良好的政策环境有利于维持区域创新体系的平稳运行。中介机构是信息高速发展的社会中必不可缺的"调节器"与"转化器"，具有协调和促进成果转化的作用。具体来讲，中介机构为产学研组织提供了信息和技术指导并通过协调区域内部资源，使区域内每个创新主体都能够充分发挥自身的资源优势，最终促进了合作创新。同时，中介机构所具备的管理能力、协调优势和转化技术等，都有助于促进科研成果的研发，进一步实现成果的商业化、生产化。

总的来说，区域创新主体之间并不是独立的，而是相互关联、不断互动的。在整个区域创新体系中，每一个创新主体都扮演着不同角色，影响着创新体系的运行。不同创新主体通过相互关联和相互作用，形成了区域创新体系独特的组织结构和空间结构，既是一个系统又是一个网络。其中，每个独立的创新主体可以通过自身及其与周边环境的相互作用，对区域创新体系的社会、经济、生态产生影响。

（3）创新体系依托于一定的创新资源

区域内的创新资源为创新活动的有序进行提供了重要保障。创新资源可以分为人力资源和财力资源。人力资源为创新活动提供人力支撑，财力资源则保证创新主体的有序活动。

（4）区域创新体系的结果是创新成果的产出

创新成果的形式是多样的，既包括产品的创新，也包括产业创新环境的创新。创新成果的产出与区域内的资源、环境、创新主体等因素有关。

　　（5）制度、政治等环境因素是区域创新体系平稳运行的重要保障

　　创新与环境的相互作用，推动了资源、技术、知识、创新成果等在创新主体之间的相互流动。制度、政治等则通过营造良好的环境条件来吸引资源、降低成本、支持创新。通过环境的支持和要素的流动，创新主体之间逐渐形成稳定的网络结构。基于上述分析，本研究将区域创新体系定义为：经济区域内，企业、研究机构、政府和中介机构等创新主体各司其职，利用多种创新资源和制度文化等环境要素，积累人才、知识并进行交流和合作，产出创新成果，推动区域产业和产业链发展集聚，提高区域竞争力，推动区域经济发展的体系构建。区域创新体系结构如图 2 - 3 所示。

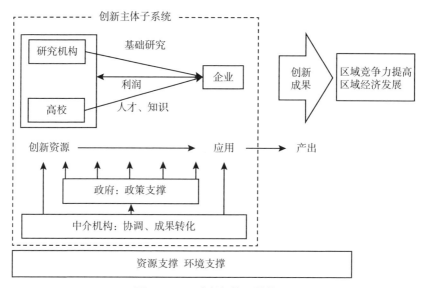

图 2 - 3　区域创新体系结构图

2. 区域创新体系生命周期的概念

　　借鉴生物学中的事物发展规律，生命周期的概念可以简单地理解为"从摇篮到坟墓"的整个过程。生命周期的概念在政治、经济、环境、技术和社会等诸多领域都十分常见，许多学者运用生命周期理论来解释事物的产生、

发展、成熟并最终走向衰退的过程。生命周期理论从产品生命周期理论开始，历经多年的发展，逐渐针对产品、企业、区域等事物衍生出相应的生命周期理论。但有关区域创新体系生命周期的研究较少。

区域创新体系包括五类创新主体和诸多相关要素，任何一种要素的变化都可能导致复杂系统的变化。在区域创新体系建立的初期，各创新主体间的联系较为灵活，并不紧密，各个创新主体之间的创新目标、创新方案和创新资源的选择、确定和获取都具备相对较大的自主权利。然而，创新主体选择的创新目标并不一定是区域可持续发展的首要目标，在这种情况下，创新系统会对区域内的各创新主体的创新活动进行约束，以实现区域总体发展的最优化。随着区域创新体系的发展，创新活动受到的约束会逐渐增强，但创新体系的灵活性也随之降低，最终导致区域创新体系逐渐僵化。因此，区域创新体系的生命周期可以定义为：区域创新体系是从诞生到灵活发展，再到受约束、灵活性下降、可控性增强的逐渐僵化过程。

3. 区域创新体系生命周期演化的概念

任何经济体系均都要经历产生、发展和衰退这三个阶段。而区域创新体系作为经济体系的一种，也必然不是静态的。从上文可以看到，区域创新体系包含多个要素和主体，它们的数量、质量和发挥的作用会随着区域发展的变化和外部环境的变化而改变。因此，在区域发展过程中，区域创新体系的各个方面也在发生变化，这种变化有其自身的逻辑和规律，即区域创新体系有其自身的演化规律。

演化可以理解为事物发展进步的过程，有内在的动力所推动，并受到外界因素的干扰。区域创新体系的演化可以看作是区域创新体系在适应区域发展和外部环境变化中各个要素、各个主体和各维度能力所经历的、从低级到高级的演化进程。一方面，随着区域创新体系的演化发展，区域创新能力发展的侧重点会随之变化；另一方面，外部环境的改变也会对区域创新体系的要素、主体等产生冲击，从而影响区域创新体系发生变化。

在上述演化进程中，区域创新体系的演化具有时间性、多方位和复杂性等特征。

（1）区域创新体系的演化具有时间性

演化是随着时间的变化而逐步发展的，有量变到质变的过程。随着时间的推移，区域内要素逐渐积累，创新主体数量和质量会不断提高，区域创新体系的质变条件也逐渐成熟。

（2）区域创新体系演化是多方位的

区域内的各个维度均存在变化，从最基本的人力资本、资金、知识到区域制度和文化环境均会发生变化。

（3）区域创新体系的演化具有一定的复杂性

区域创新体系面对的是区域外的市场，因此外部环境的变化对区域创新体系影响巨大，而偶然性的事件也会加剧区域创新体系演化的复杂性。另外，区域要素禀赋、文化制度等也将在不同演化阶段影响区域创新体系的发展。

总之，区域创新体系的演化发展具有一定的周期性，其产生和衰退都具有自身的规律和特征。因此，本研究基于生命周期对创新能力的演化进行研究，并将区域创新体系生命周期演化的概念界定为：在区域创新体系的周期性发展过程中，区域内各创新主体间相互作用，积极应对动态环境变化，及时理性地作出创新决策，最终促进区域创新系统逐渐完成由无序到有序、由低效到高效、由零散到完善的发展过程。

三、区域创新体系生命周期演化规律与机制

（一）区域创新体系生命周期的演化规律

针对区域创新体系的生命周期，国内外研究已经给出了不同的周期划分方式。通常，区域创新体系的生命周期划分为三到五个阶段。三阶段生命周

期模型将区域创新体系划分为起步、成长与成熟阶段。然而，伴随着时间的
发展和灵活性以及约束性的变化，区域创新体系不可能一直稳定在成熟期的
状态长期不变，最终势必要走向衰退或者再生。五阶段生命周期模型将区域
创新体系划分为孕育期、初生期、发展期、成熟期、衰退/再生期。在孕育
期，各个区域创新主体初步形成了区域化的创新体系，相互间的联系和知识
流通，推动了区域创新体系的后续发展。然而，如果区域创新体系的形成时
间过长，等到最终形成时，有可能已经不具备竞争优势了。因此，可以在具
备基本条件的情况下就开始运作，然后根据后续反馈进行逐步调整，使区域
创新体系趋向成熟。综合上述两方面原因，我们选择了四阶段生命周期模型，
并将区域创新系统的生命周期演化过程划分为初生期、成长期、成熟期、衰
退/再生期，如图 2-4 所示。

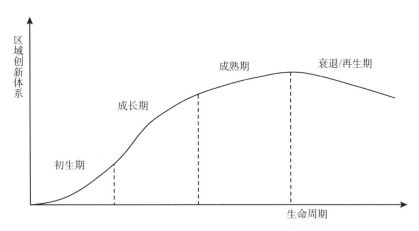

图 2-4 区域创新体系生命周期划分

1. 初生期

初生期是区域创新体系的起始阶段。从总体来看，这一阶段的区域创新
能力不强，区域创新体系还没有建立，但是已经初步形成了产业集群，企业
和政府成为区域创新体系建设最重要的两个主体，积极性强，动力足，这是
初生期的一个主要特点。

由于创新具有高成本、低短期收益的特点，同时还存在着明显的外部经济，单独的企业无法承担创新的成本，也无法获得创新的全部收益，因此，企业自身就倾向于谋求合作。再加上地理上的邻近，区域内部企业之间的交流成本较低，知识溢出效应显著，从而推动产业集群的形成。另外，政策的推动也会加速产业集群的形成，例如区域内优惠政策的颁布，往往会导致企业产生聚集，引发协同效应，从而形成产业集群。在产业集群使得各个企业共担成本的同时，创新的外部效应也相应地经济内部化，从而打破合作研究和人才流动的壁垒，有效扫除了创新的阻碍。但是，初生期的产业集群仅仅与少量企业和产业密切相关，尚未将区域内的大部分企业吸纳进来，企业的集中度较低。

可以看到，在初生期，区域创新体系中最活跃的创新主体是企业与政府。首先，地理上的邻近和创新的特征导致了企业之间的合作，形成产业集群。因此，企业在保证自身创新活动的同时，还担负着连接各个创新主体的职责，是创新活动中最活跃的因素。在这一阶段，企业为完成创新活动，有强烈的纵向合作愿望，推动了其与政府、高校和科研机构等创新主体间的合作。可以认为，初生期是以企业为中心进行创新活动的，但创新主体之间仍旧交流较少，对中介机构的有效需求不足，中介机构的服务能力不强。其次，政府是这一阶段推动区域创新体系发展的另一重要主体，政府颁布相关政策并提供各类服务，保证了企业的生存和创新活动的有效进行。

2. 成长期

成长期是区域创新体系的飞速发展阶段。在此阶段，区域创新体系真正开始建立，随着产业集群的发展和创新要素的聚集，区域内基础设施、中介机构、创新政策等软硬件条件的逐渐完备，创新主体之间的联系也逐渐加强，创新能力得到大幅提升。

在初生期的基础上，创新主体和创新投入的增长使得区域取得了一些创新成果，区域核心竞争力逐渐提升，吸引了大量的资金尤其是社会资金的投入和许多优秀人才，区域创新要素开始快速聚集。这就要求创新网络对创新要素资源配置效率的相应提升，也需要科技创新转化效率和产业转化效率的提升。因此，政府也逐步加强了创新支持力度，采取一系列创新人才、创新资源引进以及知识产权保护等创新政策。在区域内的创新主体有了更多的资源支持和政策支持后，开始投资技术创新，在进行优秀技术引进的基础上对引进技术再次开发和推广，创新活动逐渐丰富。此外，产业集群的发展不仅增强了创新系统内各创新主体之间的联系，还进一步促进了各种新观念、新创意、新知识、新技术在区域内的有效传播。同时，企业等创新主体之间的竞争也逐渐加剧，包括区域内的各企业之间的纵向竞争和区域之间的横向竞争。一方面促进了企业的研发投入；另一方面加速了企业之间的合作和交流，从而推动区域创新质量的提升，竞争的激烈程度随着区域创新体系的不断发展而增加。

区域创新网络的不断扩大使得成长期的区域创新主体不再局限于个别企业和政府，科研院所也逐步参与进来。除了创新主体的种类增加外，创新主体的数量也急剧增长。由于创新网络的逐渐稳定以及产业集群的逐步成熟降低了创业成本，区域内相关新企业的门槛降低，大量企业涌入并导致创新主体急剧增加，产业集群的企业集中度增高。在这一阶段，政府职责也发生了变化：一方面，政府要通过制定政策减少"搭便车"行为；另一方面，政府可以防止区域内的溢出效应（外部收益）。高校和科研院所也会加深与企业的交流，推动创新主体技术创新，丰富和深化产学研合作，区域创新网络中各个主体逐步参与进来。

3. 成熟期

成熟期是区域创新体系的成熟阶段。随着区域创新体系规模的逐渐扩大和稳定，体系内部的学习机制、协作机制和竞争机制也在逐步发挥作用。各创新主体的创新积极性高涨，创新要素之间关系紧密，市场流动顺畅，区域配置优化。区域创新体系形成了与区域环境相适应，与自身特色相符合的创新体系，区域内的创新转化效率也达到了新的高度。

区域创新体系发展到了最成熟的阶段，企业、科研机构以及中介机构之间的沟通交流、学习合作已经形成了一套成熟有效的合作机制，有效地保证了区域创新体系的良性运行。首先，创新主体通过创新网络相互学习交流，促进了创新要素的自由流动、优化了资源配置，实现了技术、产品的创新。其次，新技术、新产品通过产业化投入市场，企业收集市场的反馈信息，并据此继续研发创造新的产品工艺，循环往复，使得不限于专利在内的技术创新产出已经达到了一定水平，发明专利占比高，产品创新成果不断涌现，高新技术产业发展壮大，产业技术水平和产品竞争力颇具水平。同时为了维持市场竞争力，企业不断提升各方面能力以推动创新管理，区域内的硬件设施，专业服务和知识基础都得到了大幅度提升。此外，区域创新能力的提升和区域经济的发展吸引了丰富的创新资源进入，这些资源在区域内的自由流动，进一步为区域经济发展提供了有利条件。

在成熟期的区域创新体系中，创新主体包含了所有与创新有关的主体，如大中小企业、政府和科研机构等，并且各个主体的参与程度和作用均达到了较高水平。创新型企业大量聚集，并且与高等院校和科研机构形成了长期有效的合作，各种产学研联盟、产业创新联盟等已经建立。政府也逐渐由管理型转变为服务型，制定一系列政策扶持、监督和保障创新活动的开展。在此阶段，区域内中介机构逐步取代企业和政府成为最重要的创新主体，由于区域创新体系的逐步稳定和区域内外交流的增加，中介机构在这一阶段非常活跃。

4. 衰退/再生期

衰退/再生期是区域创新体系生命周期的最后阶段。当区域创新体系成熟期出现创新能力明显下降时，标志着区域创新体系进入衰退期。在这一阶段，创新系统逐步走向衰落，创新能力降低，但是适当调整政策或者当新的革命性技术出现时，区域创新能力可能会有所突破。

在复杂的区域创新体系中，导致区域创新能力下降的原因是多方面的。

首先，虽然创新网络的知识溢出可以促进区域创新能力的提升，但也会产生负向影响。一方面，区域创新主体可能存在"搭便车"行为，即其他主体模仿某一创新主体的新技术、新模式等，由于知识不具备排他性，复制的成本大大低于创新成本，这就降低了创新收益和创新的动机。当"搭便车"的行为没有被及时制止时，模仿者将会越来越多，从而使得企业的创新收益无法覆盖创新成本，这将导致区域创新体系内部创新的停滞。另一方面，由于区域内的产业集群发展稳定，创新主体之间长期的合作导致区域与外界的交流逐渐减弱，区域形成了封闭的趋势。

其次，当区域创新系统的运行机制出现问题，例如当创新的政策导向出现偏误，可能会破坏区域内产业集群的稳定发展，进而降低创新收益。此外，创新主体间的相互联系随之减弱，创新资源的投入，尤其是社会资金的投入会减少，最终导致区域创新能力下降。

最后，创新网络、创新环境、创新资源等，是区域创新体系的核心部分，任何一个环节出现问题都可能对创新效率和创新能力产生影响。因此，市场环境变化、自然灾害等转变都会导致区域创新体系原有创新模式的适配性大打折扣，如果调整不够及时，就会导致创新能力的衰退。

外部环境的变化并不都是有害的，在某些因素的作用下，一些基础性和根本性的创新可能会在衰退期产生。例如，化学工业中合成纤维技术的创新导致纺织工业发生了巨大创新，计算机排版技术的创新引起了印刷行业的创新。这些革命性的创新通常拓展了区域创新体系的发展前景，可能使得区域创新体系重新焕发生机。

（二）区域创新体系生命周期的演化机制

1. 区域创新体系初生期演化机制

区域创新体系初生期处于建立初期，产业集群尚不完善，政策法规处于摸索阶段，人才、资金和知识的积累少且质量不高，创新成果产出也较少。这一阶段主要是以政府或者大型企业为中心进行创新活动，整个区域创新体系的目标是维持基本生存。

在该阶段（如图2-5所示），区域创新体系的形成机理是：政府制定相关政策，设立高新技术产业园区，同时进行基础设施建设等公共服务，加速企业之间的知识流动，降低特定产业和企业的创新成本。政府和企业通过综合考虑地区优势、产业发展前景和国家需要等多方面因素，筛选出未来具备发展前景的产业和具备发展潜力的企业，给予优惠支持并引导社会资金。而不符合区域发展规划、发展潜力有限、环境污染严重和处于产业链低端的企业则获得的扶持资金较少。此外，大型企业在区域创新体系的初生期，对于从优势产业筛选到连接各个创新主体等多方面均起着主体作用。在这一阶段，区域创新体系的输出也会促进区域自身的发展。具体而言，产业集群的初步形成、知识交流的不断加速，都降低了企业的创新成本，反之，加速产业集群形成，提升了政府公共投资和政策扶持的收益，形成了一种正向的反馈机制。此外，区域内一系列有关创新的法规制度会逐渐建立和完善，进一步推动了区域内产业集群的发展，为后续阶段的区域创新体系发展奠定了基础。

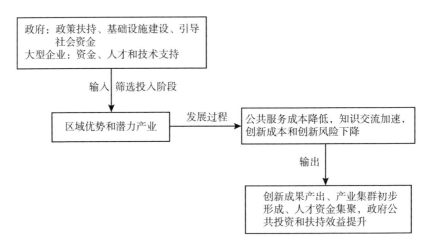

图2-5　区域创新体系初生期演化机制

初生期的区域创新体系虽然已经形成了产业集群，但是数量少，规模小。

由于区域创新资源有限，创新网络不稳定，各创新主体规模较小且联系松散，区域创新能力水平偏低，初生期的产业集群聚集速度较慢，且只有少量企业与产业紧密相关，企业集中度较低，均未形成规模。此外，政府在此阶段发挥着决定性作用，一旦政策失误，例如受到对原有产业的税收依赖等降低了对区域发展潜力产业的扶持等，可能会导致区域创新体系发展受限。因此，政府应着力平衡旧产业和新产业发展的问题。

2. 区域创新体系成长期演化机制

在区域创新体系进入成长期后，随着人才、资金等创新资源的积累和知识交流的完善，大量中小企业建立并涌入当前产业集群中，与区域创新体系建设相关的辅助性产业和机构也初步建立，政府的扶持政策基本稳定，摸索阶段已经基本结束，进入完善阶段。

成长期（如图 2-6 所示），区域创新体系的发展机理是：随着区域创新体系的发展，大量新的企业涌入，企业之间的竞争不断加剧。产业集群的发展并不是特定产业链的某个阶段，而是全产业链的发展，也是向产业链高端的进军。因此，产业集群内部的分工也不断完善，各个环节逐步形成一批优势企业，加速人才、资金的积累，推动知识交流和创新能力提升。区域创新体系的成长阶段，区域的输出也同样存在一种正向的反馈机制。输入包括政策扶持、完善公共服务和法律法规以及特定的人文自然环境；输出则是指产业集群的发展壮大以及整体区域创新能力的飞速提升，表现为企业数量的急剧增加和创新成果的高速增长。输入和输出带动区域创新体系的发展和区域经济各方面水平的提高。最终，区域在成长期的演化机制逐步稳定，其特征为在竞争中筛选并扶持优质企业，维持产业集群和区域创新体系的正确发展方向。

在区域创新体系成长期，区域内一系列有关创新的法规和制度会逐渐建立和完善，进一步推动了区域创新体系内产业集群的发展。在这一阶段，区域创新资源积累具备质变条件，创新网络高速发展，产业集群聚集速度快，且大量优质企业涌现，形成规模并开始带动区域经济发展。

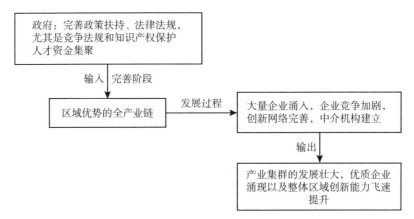

图 2-6　区域创新体系成长期演化机制

3. 区域创新体系成熟期演化机制

区域创新体系的成熟期属于相对平稳的时期，这一阶段的基础设施、公共服务和政策法规相对成熟，产业集群各个环节的优质企业基本保持稳定，产学研合作网络建立，出现良性循环。整体的区域创新体系属于高质量阶段，切合区域优势，发展前景较为广泛。

在这一阶段（如图 2-7 所示），区域创新体系演化的机制为：成熟的创新体系不断完善，核心创新资源不断累积，规模效益和经济效益达到顶峰。但是，由于创新成本无法进一步下降，加之高技术人才的争夺，以及其他地区的竞争，导致部分企业为了追求低廉的生产资料和劳动力等目的而迁出该地区，区域创新体系表现出核心竞争不断增强，但覆盖面积缩小的现象。如果当前产业发展前景较小，且政府和企业并未及时调整，那么当前区域创新体系就会随着产业集群的衰退而衰退。

在成熟期，区域的输入和输出对区域创新体系有着重大影响。输入是指政府的服务规范和导向政策，输出则是随着区域创新体系完善，人才竞争激烈、发展渠道受限带来的区域创新体系衰退或再生的现象。当区域在成熟期的演化趋于稳定后，创新主体间的联系网络基本稳定，高效且不易改变，减

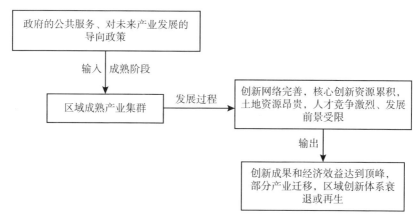

图 2 - 7　区域创新体系成熟期演化机制

缓了区域创新体系的变动，为寻找新的发展方向提供了时间窗口。区域创新体系中各个创新主体之间合作更为密切，创新资源充足，创新成果量增质优，产业集群达到顶峰并开始衰退。

4. 区域创新体系"衰退/再生期"演化机制

区域创新体系经过长期的发展，活力逐渐减弱。政府的宏观政策引导、区域产业转型等是区域创新体系再生的关键。而现有的区域创新体系中，由于市场占有率和现金流稳定，部分创新主体丧失创新动机，恶性竞争加剧和垄断企业的出现等会加剧导致区域创新体系的衰退。

如图 2 - 8 所示，在区域创新体系"衰退/再生期"的临界和分岔机制是：由于发展前景受限，中小企业撤出或破产，大企业创新动力不足，导致创新成果减少，高质量人才流失，竞争优势逐渐消失，产业集群逐渐解体。但由于之前积累的大量资金、成本和技术，衰退期是缓慢的，这是区域创新体系再生的重要契机。在政府引导下，通过锚定具备高质量发展前景的产业和市场，投入已有资源，区域创新体系可能走向再生期。

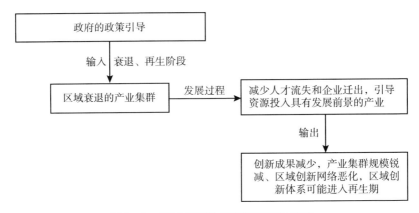

图 2-8 区域创新体系衰退期演化机制

在衰退期或再生期，区域的外部输入和集群内部输出对区域创新体系的可持续发展有负面影响，就产生了负向的反馈机制。该阶段由政府的政策引导作为主要输入，通过基于引导的战略调整，减少人才流失和企业迁出，延缓衰退过程，延长创新体系进入再生期的窗口期；输出方面是指创新成果减少，产业集群规模锐减、高素质人才流失等情况，如果政策引导得当，区域创新体系可能进入再生期。衰退阶段的稳定机理：区域创新体系前期积累的高质量资源和完善的创新网络是保持衰退期稳定的关键。

在衰退阶段，是否能够找到新的适合本地区的发展的产业，能否有效地将资金投入到该地区产业，是区域创新体系再生的关键。当现存产业丧失已有的发展前景时，如果没有新的投资机会，资金和人才就会不断流失，出现区域创新体系瓦解的现象。

四、本章小结

本章介绍了现代创新理论、区域创新系统理论、生命周期理论和演化经济理论，为后续提出区域创新能力要素模型、区域创新体系生命周期和创新能力演化模型提供一定的理论参考。随着区域创新理论的不断发展，现有关于区域创新体系的相关文献也较为丰富，但研究目的的不同使得关于区域创新能力等概念的定义存在差异。为使研究问题和研究思路更加简明，本章对区域创新能力、创新能力适配、区域创新体系、创新体系生命周期演化等核心概念进行了界定。在对研究的核心概念进行界定的基础上，本章分析了国内外研究提出的不同的生命周期划分方式，并对每一阶段区域创新系统的演化发展机制与规律进行了详细讨论，以期为构建区域创新体系生命周期创新能力要素演化模型提供参考。

第三章

区域创新能力要素模型
与指标体系构建

第二章对区域创新能力适配等相关概念进行了界定，并回顾了相关基础理论。区域创新能力是衡量区域竞争力的关键因素，也是区域经济发展的根本动力。因此，研究区域创新能力对区域经济的发展具有重要的理论意义和现实意义。本章首先对已有的区域创新能力要素模型进行介绍，在此基础上提出区域创新能力六维要素模型，根据评价指标体系设计的原则，从创新环境、创新资源、创新成果、创新网络、创新成长、创新效率六维度出发，通过专家咨询和因子分析的方法，得到最终的区域创新能力要素指标体系。

一、区域创新能力要素模型构建

（一）区域创新能力形成的理论模型

区域创新能力要素模型最早起源于国际贸易中的竞争优势理论。从亚当·斯密的绝对优势理论出发，竞争优势理论强调了自然禀赋差异的作用，但是无法解释国际分工的存在。之后，李嘉图的比较优势理论和赫克歇尔—俄林的要素禀赋理论成功解释了国际分工的产生和不同地区生产不同产品的比较成本差别。但无法解释某些要素禀赋稀缺国家为何能取得竞争优势，也无法解释为什么某些国家和地区在国际竞争中胜出。直到出现国家竞争优势模型，才开始强调区域创新的作用，从而使区域创新能力要素模型逐渐发展起来。本研究将对钻石模型、杰弗里·费尔特曼（Jeffrey L. Furman）、迈克尔·波特（Michael E. Porter）和斯科特·斯特恩（Scott Stern）提出的 FP&S 模型，胡美智（Mei – Chih Hu）和约翰·马修斯（John A. Mathews）提出的 H&M 模型这三种重要的区域创新能力的理论模型进行比较分析。

1. 钻石模型

1980 年以来，迈克尔·波特在绝对优势理论和比较优势理论的基础上，深入研究国家和地区在国际竞争中胜出的原因，相继出版了《竞争战略》《竞争优势》等著作，提出了国家竞争优势模型，也称为钻石模型。按照迈克尔·波特的说法，绝对优势理论和相对优势理论强调低层次的禀赋差异导致的竞争，但禀赋差异并不是国家竞争的全部，更为重要的是产业集群的竞争力。这种由在特定地区内相互关联的企业、中介机构等组织机构形成的群体在国际竞争的中能否取得优势，是一国或一个地区发展的关键。

钻石模型认为，一个国家或地区的竞争环境由生产要素、需求条件、相关支持性产业、企业战略结构、同业竞争状况这五个基本要素，以及机遇和政府这两个附加要素共同构成，如图 3 – 1 所示。其中生产要素即为该地区的资源禀赋，包括自然资源、人力资源、知识和资本等，这是生产的基础。波特将这些生产要素分为两类：一类是自然资源、地理位置、气候和环境等初级要素；另一类则是由人力资本、知识和科技等构成的高级要素。相比于初级要素，高级要素不依赖于自然赋予，而是依赖于政府和企业的投资，并且流动性更强。初级要素虽然可以给予初期区域发展优势，但随着国际竞争的加剧，高级要素更能决定产业竞争的成败。

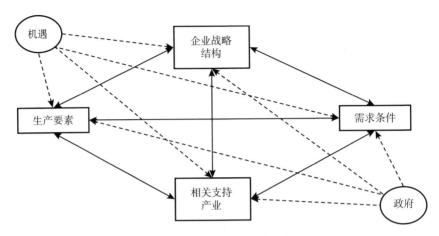

图 3 - 1　区域创新体系钻石模型

　　由于区域内产业对区域内的需求更为敏感，因此区域需求可以塑造本地产品的优势和劣势。当内部需求成熟后，通常对产品质量要求更为严格，相应的，本地产品质量和竞争力在国内更有优势，有助于赢得国际竞争。相关支持产业是指具有国际竞争力的供应商和关联辅助行业，它可以有效支撑本地区的竞争性产业，并促进产业集聚，形成关联行业集群。企业战略、结构等是指企业创建运作的条件、"管理意识形态"和国内竞争性质，这些决定了企业能够高效地利用生产要素，推动创新，改进质量，从而形成具有国际竞争力的企业。除此之外，机遇和政府也对区域竞争力产生重要影响。一些重要技术革新是企业获取竞争优势的关键窗口期，而政府部门的政策也会影响区域竞争的优势。

　　相比区域竞争理论，波特认为区域竞争优势的关键在于优势产业集群的形成，而优势产业集群的建立则主要由区域创新所决定，从而强调了区域创新体系在区域竞争优势中的关键作用。"钻石模型"引进了价值链分析的工具，从动态角度研究区域创新体系的运行特点，为揭示区域创新能力的形成机理提供了手段。然而，仅从动态角度出发并不能全面解释区域创新能力形成的问题。钻石模型提出了创新环境和创新联系等概念，拓展了区域创新能力测度和形成机理相关的研究，突破了以往仅注重微观主体的分析，为更大范围研究区域创新能力提供了思路。

2. FP&S 创新能力要素模型

2002 年，杰弗里·费尔特曼、迈克尔·波特和斯科特·斯特恩以钻石模型为基础，主张公共创新基础设施、产业集群的治理环境和两者之间的联系共同决定了创新能力，在此基础上建立了 FP&S 创新能力要素模型（如图 3-2 所示）。其核心思想源自经济学的内生增长理论、基于集群的国家产业竞争优势理论、理查德·尼尔森（Richard Nelson）和内森·罗森伯格（Nathan Rosenberg，1993）对国家创新体系研究，这些研究分别确定了决定创新发展的区域层面的特定因素，而这些特定的决定因素是 FP&S 创新能力要素模型的基础。

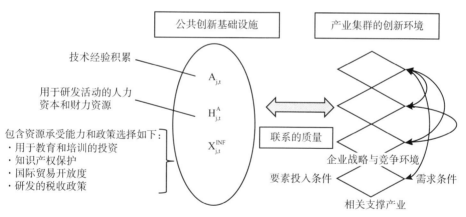

图 3-2 FP&S 创新能力要素模型

FP&S 创新能力要素模型框架包括公共创新基础设施、产业集群的创新治理环境以及二者的联系情况。强大的共同创新基础设施决定了区域创新能力的基础。公共创新基础设施是指用于创新的基本资源和制度，相应的评价指标也包含着两方面：第一，原有的技术经验积累、用于研发活动的人力资本和财力资源，这是促进整个区域创新的最基本因素；第二，区域资源承诺和整体科技政策环境、支持基础研究和高等教育的机制，包括教育政策、培训政策、知识产权政策和税收政策的选择。这些是决定创新产出的先决条件。仅有公共创新基础设施是不够的，还需要优化创新环境才能激发出高质量的创新产出。

企业是否在公共创新基础上进行投资和竞争，取决于特定的经济环境，即产业集群的创新治理环境，这在不同的产业集群和不同的地域有所不同的。产业集群的创新治理环境包括：要素投入条件，企业战略与竞争环境，需求条件和相关支撑产业。这些条件相互影响、相互联结，共同构成特定产业集群的创新治理环境。在 FP&S 创新能力要素模型中，上述两部分是构成创新能力的基础，更重要的是两者之间的联系，即联系的质量。杰弗里·费尔特曼（2002）认为，联系的质量是指在一个特定的产业集群创新环境中，其创新产出能够增强公共创新基础设施的功能。当一个区域的这两部分能够高效率地联系时，例如相关机制或机构鼓励特定集群中的新技术商业化时，给定的通用创新基础设施会产生更富有成效的创新产出流。因此，FP&S 创新能力要素模型特别强调公共政策在塑造区域创新能力方面的重要作用：除了简单地提高可用的研发资源水平之外，其他政策选择，如增加人力资本投资、创新激励、改善集群环境和联系质量，也是科学有效地提升区域创新能力的方法。

FP&S 创新能力要素模型是基于竞争优势理论，将钻石模型和国家创新体系理论有机结合而形成的。相比于钻石模型，FP&S 模型突出强调了人力资本、创新政策等公共基础设施的作用以及基础设施和产业集群的互动，形成了区域创新能力的框架。但 FP&S 模型并没有完全将驱动创新能力的因素和创新能力的承载主体分开，难以揭示创新能力的形成机理，同时也没有将明确区分科技创新和产业创新之间的差异，从而无法阐释创新能力形成和创新能力经济实现之间的关系。

3. H&M 创新能力要素模型

鉴于 FP&S 创新能力要素模型基于测度而无法判别表征要素和驱动要素的不足，2005 年，胡美智和约翰·马修斯对 FP&S 创新能力要素模型进行了扩展和细化，提出了创新能力下游效应的概念（2005），将论文、国内生产总值等变量作为创新能力的下游环节，纳入创新能力综合测度的指标体系中，建立了 H&M 创新能力要素模型架（如图 3-3 所示）。

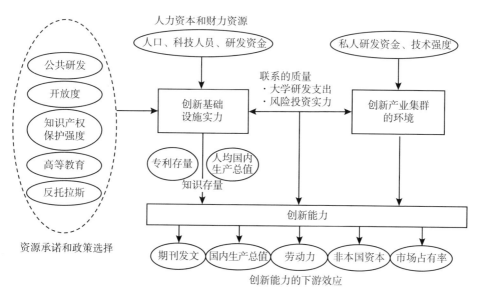

图 3-3　H&M 创新能力要素模型

相比于 FP&S 模型，H&M 创新能力要素模型的基本结构保持不变，仍从创新基础设施实力、创新产业集群环境以及二者联系的质量三方面来表征创新能力。但具体来看，其评价指标更为细化和具体，并且增加了创新能力的下游效应。其主要内容可分为四个方面。

首先，在公共创新基础设施方面，用专利存量和人均国内生产总值来描述技术经验积累，用人口、科技人员、工程师和研发支出来描述用于研发活动的人力资本和财力资源。使用公共研发、开放度、知识产权保护强度、高等教育、反托拉斯来描述资源承诺和政策选择；相较于 FP&S 创新能力要素模型，其指标选取更为明确且涵盖范围更广，但具体测度的目标仍旧相同。

其次，创新产业集群的环境，相比于公共研发以外，私人研发更能反映产业集群的创新环境。因此，在 H&M 创新能力要素模型中，使用私人研发资金和技术强度来间接测度创新环境。技术专业化或者技术强度是另一个测度创新产业集群环境的重要指标，根据胡美智和约翰·马修斯（2005）的定义，这个指标是指创新专注于促进产业间和产业内的知识流动的领域的强度，可以增强产业集群的研发实力。

再次，由于胡美智和约翰·马修斯研究的对象落后的处于追赶阶段的区域或国家，其技术研发是以应用为导向的，以解决实际问题为目标的。大学开展以应用为目的的科学研究，一方面有助于工程师积累工作经验，另一方面促进了工业科学技术的发展。因此，可以使用大学研发支出来测度两者的联系。另一个重要的指标是风险资本投资，它深刻地影响着产业的技术研发方向和目标，反映了两者之间的联系。因此，在 H&M 创新能力要素模型中，使用大学研发支出和风险资本投资实力来测度公共创新基础设施和创新产业集群环境间的联系。

最后，创新能力的下游效应，期刊发文、国内生产总值、劳动力、非本国资本和市场占有率来描述。可以看到，创新的目的并不是为了创新而创新，而是为了促进区域的经济增长和发展。相比于 FP&S 模型，H&M 创新能力要素模型除了细化各个指标外，最重要的是将创新效果的测度扩展到创新成果之外，与区域发展联系起来。由于 H&M 模型重点关注落后的地区和国家，因此和 FP&S 要素模型相比，其特别强调公共研发支出的作用。因为这些地区资源有限，需要区域明确导向，以确定高效率地利用资源，这就是公共研发支出的引领作用。

FP&S 模型和 H&M 模型从创新基础设施、创新环境以及二者之间的联系出发，很好地解释了它们对创新能力的重要影响，为创新能力指标体系构建提供了重要的理论借鉴与参考意义。但 FP&S 模型与 H&M 创新能力要素模型仍存在如下几方面的不足：其一，选择资源承诺与政策作为创新基础设施实力的表征，使得创新产业集群环境的要素描述较为单薄；其二，在描述基础设施与集群之间的联系质量时，仅采用"大学研发支出"和"风险投资实力"两个指标，没有真实体现出创新基础设施和创新产业集群环境二者间的互动关系；其三，仅用五个相关要素来描述创新能力的下游效应，没有说明要素间的相互联系与逻辑关系。

上述三种区域创新能力的理论模型分别从产业集群、全要素生产率、人才和知识等方面分析和评估区域创新能力。其中，钻石模型强调了产业和企业间的相互关系，注重企业策略和政府政策的作用；FP&S 模型突出了创新的全面性和综合性，强调了人力资本和科技创新对创新能力的贡献；H&M 模型突出了人才、知识和资本在创新中的关键作用，考虑了知识产权对区域创新能力的保护和促进作用。这些模型为评估区域创新能力提供了不同的视角和分析框架。表 3-1 列出了上述三种理论模型的主要内容和各自的优缺点。

表 3-1 区域创新能力理论模型的对比分析

理论模型	主要内容	优点	缺点
钻石模型	企业策略与结构、相关性支持产业、优势因素和需求条件这四个要素共同作用，形成区域创新能力	强调产业和企业间的相互关系，注重企业策略和政府政策的作用；针对产业集群的创新系统作出了深刻的分析；对提高区域竞争力和推动产业发展有指导意义	过于强调产业集群中的优势因素，忽视了企业自身的创新能力；忽视了外部环境对产业集群发展的影响，在实际应用中难以量化和具体化
FP&S 模型	由全要素生产率、科技创新、人力资本、企业组织和资本市场五个要素组成。这些要素共同作用，决定了区域的创新能力	突出了创新的全面性和综合性，考虑了多个要素的影响；强调了人力资本和科技创新对创新能力的贡献；可以量化和具体化，便于应用	忽视了社会、文化和制度等非技术因素的影响；需要数据支持，数据获取和分析成本较高；对人力资本的定义较为狭义，没有考虑其他因素的综合作用
H&M 模型	基于人力资源、知识产权和资本三个要素相互作用，构成区域创新能力	突出了人才、知识和资本在创新中的关键作用；考虑了知识产权对区域创新能力的保护和促进作用；突出了不同要素间的相互关系	缺乏对外部环境的考虑，忽视了区域创新能力的外部支持；忽视了其他因素对创新能力的影响，如制度

（二）区域创新能力六维要素模型构建

为弥补 FP&S 创新能力要素模型和 H&M 创新能力要素模型存在的不足之处，本研究将区域创新能力的核心要素进行重新整合：第一，分离创新基础设施实力和创新产业集群环境中的创新资源和创新环境要素，依据创新系统理论，区域创新能力不仅与各行为主体有关，而且还取决于各行为主体作为一个系统的相互合作以及互动发展方式。因此，以创新网络能力要素来描述创新基础设施实力和创新产业集群环境二者之间的互动和联系，以此形成创新环境、创新网络和创新资源三大支撑。第二，区域创新能力的下游效应主要体现为创新成果，但创新成果仅能反映创新产出的"量"的多少，因此引入创新效率来反映出创新产出的"质"的多少，形成"质"与"量"的互补；第三，用创新成长来表征区域创新能力的可持续性与创新潜力。由此，将区域创新能力要素分成六大维度（如图3-4所示）。

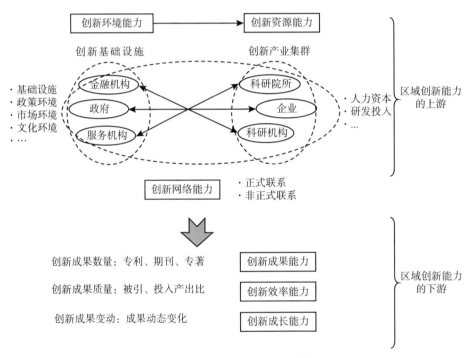

图3-4 六维区域创新能力要素模型

在此基础上，本研究对六维创新能力要素的具体内容进行讨论。

第一，创新环境。创新环境主要指区域内的基础设施环境、市场环境、政策环境、融资环境、文化环境等，同时也包含创造性的氛围，即"创新氛围"。创新环境主要反映了一个地区的环境条件对创新能力的支撑程度，是决定区域创新能力的关键要素。良好的创新环境有利于吸引创新资源，降低创新成本。

第二，创新资源。创新资源是指为保证创新活动的成功而投入的各种生产要素，具体分为有形要素和无形要素。由于无形要素的数据获取较为困难，因而通常采用人力资源和财力资源等有形要素来进行衡量。创新资源反映了区域创新能力的驱动力程度，是区域创新能力的核心内容。

第三，创新网络。区域创新网络是指区域范围内，企业、高校及科研机构、政府、金融机构、中介机构等各经济主体在相互联系与互动的过程中，形成知识的流动、扩散和共享，从而建立起的正式与非正式关系的总和，是区域经济发展的高级形态，本质为知识创造。创新网络反映了区域内各创新主体之间的互动与联系程度，使其实现协同创新，因此也是区域创新能力的重要体现因素。

第四，创新成果。创新成果是指区域内的各种创新资源投入在创新环境和创新网络的作用下所带来的结果，它主要体现出区域创新产出的"量"的多少，是区域创新能力最显著直接的外在表现，因此是区域创新能力表征的关键指标。

第五，创新效率。创新效率指区域内各创新主体综合运用每单位的资源投入所产出的创新成果数量，侧重反映区域创新产出"质"的情况。一个地区的创新效率较高，则说明该地区能利用较少的创新资源产出较多的创新成果，说明创新质量较高，创新能力较强。创新效率与创新成果能形成指标，评价质与量的互补，提高评价的科学性与可靠性，因此也是指标评价中不可缺少的重要维度。

第六，创新成长。创新成长主要指的是当期区域内的创新资源和创新成果要素较上一时期的增加（或减少）情况。创新资源增加，表明地区可利用的人力和财力资源等创新投入增加；创新成果的增加，则表明一个地区创新产出的增加。二者均可反映出区域创新能力的可持续性与创新能力的发展前景，因此是区域创新能力的重要构成要素。

二、区域创新能力指标体系构建原则和思路

区域创新能力指标体系设计是在区域创新能力六维要素模型的基础上，结合数据匹配能力分析，确定区域创新能力的实际测量项，建立逻辑严谨的测度指标体系。

（一）指标体系构建原则

为构建一个切实可行、全面、系统、真实可靠的区域创新能力指标体系，以对区域创新能力进行科学有效的评价，首先要明确指标体系的基本构建原则，再基于这些基本原则，结合相关方法，设计区域创新能力指标体系的基本框架，分析各级指标的具体内容。具体而言，指标体系构建过程中应遵守以下原则。

1. 系统性原则

指标体系的构建是一个复杂的系统性工程，系统性原则要求在构建区域创新能力指标体系的过程中要具备一定的逻辑性，从系统的角度出发，体现出其中的系统性和层次性特征。这要求指标之间既要相互关联又要相互独立，指标体系在对区域创新能力进行评价时要全面系统地表征出创新资源、环境、成果、成长、效率、网络等方面所涵盖的能力。

2. 科学性原则

科学性是指在构建指标体系的过程中要以相关的理论为支撑，指标体系要实现全面性与针对性的结合。只有科学性的指标体系才能保证区域创新能力评价结果的有效性和准确性。

3. 动态和静态相结合的原则

区域创新体系是一个动态的、具有生命力的系统。基于以往区域创新能力指标体系的研究可以发现，区域创新能力的动态变化也是学者们关注的重点。因此，在制定指标体系的过程中要遵循动态和静态相结合的原则，利用静态指标反映区域创新能力现状，利用动态指标预测区域创新能力的波动情况。

4. 可操作性原则

区域创新能力指标体系涉及的相关数据资料可以通过各种官方渠道获得，且每个指标的表述应具体明确且易于操作。由此，指标体系才能在现实中发挥评价作用。

(二) 指标体系构建思路和方法

在遵循系统性、科学性、动态和静态相结合、可操作性四大原则的前提下，指标体系的构建思路如图 3-5 所示。

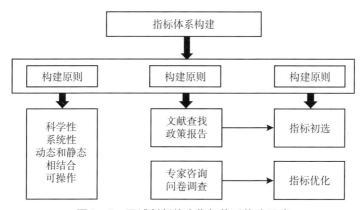

图 3-5　区域创新能力指标体系构建思路

　　具体来说，区域创新能力指标体系的构建思路包括初始指标体系构建和指标体系优化两大方面。初选阶段的关键是尽可能挖掘与测度目标要求相关的指标，常用的方法包括综合法、交叉法、指标属性分组法、调查研究法、理论预选法等。鉴于区域创新能力指标体系已有部分研究进行了分析，因此首先使用调查研究法，利用网络资源搜集当前较典型的区域创新能力指标体系构建的相关文献以及权威的政策报告，作为指标初选依据。其次，考虑到中国的特有国情，国外以及早期相关研究所提出的区域创新能力评价指标体系可能不适用于当前的区域创新体系发展情况，因此需要对其进行适当修正与再设计，也就是指标体系优化。本研究通过向专家学者发放调研问卷，并根据回收的有效问卷进行统计分析，在此基础上对初选的评价指标进行进一步的筛选和补充，最终筛选出与区域创新能力相关性较强、重要性程度较高的指标。

三、区域创新能力指标体系初选

（一）基于区域创新能力的六维要素模型的指标分类归纳

　　从上文对已有指标的体系分析可以看出，由于本研究对区域创新能力要素模型的构建是在已有研究基础上的改进，因此需要依据所构建的区域创新六要素模型对具体的各类二级指标进行归纳分析。具体而言，区域创新能力各维度要素指标的侧重点有所不同，创新投入主要指标关注研发的人力和资金投入，创新成果关注专利、获奖等产出，成果转化和经济增长包含了新产品产值、技术转化率、全要素生产率等指标。创新环境则涵盖广泛，本研究参考的文献主要从创新文化环境的角度出发，包含人均发表论文数、人均专利数量等方面。

1. 区域创新环境指标初选

通过对国内外关于区域创新环境的相关指标进行归纳整理，结果如表 3 - 2 所示。根据对区域创新环境的定义，创新环境包括经济、文化、市场等诸多方面，但是从已有文献和文件来看，对创新环境相关的测度主要侧重经济方面，如人均国内生产总值、城镇化、信息化、产业结构等，另一个重要的指标是金融支持水平，反映了区域内部创新融资成本的高低。这些指标应用广泛，且差异性较大，可以初步用于对区域创新环境的评价。另外，尽管政府的相关补贴、优惠政策等也是重要的创新环境要素指标，但考虑到数据可得性的问题，本研究并未对政策环境要素指标进行深入讨论。

表 3 - 2　　　　　　　区域创新环境的相关文件和研究

二级指标类型	相关文件文献	具体二级指标	频次
经济发展	《大连创新指数评价报告》《国家创新能力测度方法及其应用研究》；任胜钢、彭建华（2007）；朱海就（2004）；刘凤朝等（2005）；陈国宏等（2008）；白嘉（2012）；李春艳等（2014）；曾春媛等（2015）；常涛等（2015）；易平涛等（2016）；刘慧（2019）；朱梦菲等（2020）	人均国内生产总值水平	13
产业结构	《国家创新驱动发展战略纲要》《关于全面提升区域创新能力加快推进国家创新型城市建设的实施意见》；罗守贵、甄峰（2000）；刘新民、李芳（2015）；陈国宏等（2008）；曾春媛等（2015）；常涛等（2015）；易平涛等（2016）；刘慧（2019）	第三产业增加值占国内生产总值的比例	9
金融支持	《大连创新指数评价报告》《国家创新能力测度方法及其应用研究》；李春艳等（2014）；王利军等（2016）；朱梦菲等（2020）；易平涛等（2016）；白嘉（2012）	规模以上工业企业研发经费内部支出额平均获得金融机构贷款	7
城镇化	《大连创新指数评价报告》《国家创新能力测度方法及其应用研究》；白嘉（2012）；易平涛等（2016）；朱梦菲等（2020）；王利军等（2016）；邵云飞、谭劲松（2006）	城镇人口占比	7
信息化	曾春媛等（2015）；常涛等（2015）；刘慧（2019）；罗守贵、甄峰（2000）；陈国宏等（2008）；朱海就（2004）；邵云飞、谭劲松（2006）	互联网用户数量	7

续表

二级指标类型	相关文件文献	具体二级指标	频次
人力资本	《关于县域创新驱动发展的若干意见》；刘凤朝等（2005）；刘慧（2019）；朱梦菲等（2020）；任胜钢、彭建华（2007）；朱海就（2004）	6岁及以上人口中大专以上学历占比	6

2. 区域创新资源指标初选

通过对国内外关于区域创新资源的相关指标进行归纳整理（如表3-3所示），区域创新资源类似于已有文献中的创新投入，主要包括研发资本投入和人力投入两方面。文献中特别强调的是规模以上企业的这两类投入，源于创新在大型企业中容易形成规模效应。此外，区域研发机构的数量也能反应区域创新资源的多寡。

表3-3 区域创新资源的相关文件和研究

二级指标类型	相关文件文献	具体二级指标	频次
研发资本	《"十三五"国家科技创新规划》《国家创新驱动发展战略纲要》《关于全面提升区域创新能力加快推进国家创新型城市建设的实施意见》；罗守贵、甄峰（2000）；刘凤朝等（2005）；李春艳等（2014）；曾春媛等（2015）；刘慧（2019）；朱梦菲等（2020）；任胜钢、彭建华（2007）；朱海就（2004）；王利军等（2016）；邵云飞、谭劲松（2006）	研发经费内部支出	13
研发人力资本	《"十三五"国家科技创新规划》；李春艳等（2014）；陈国宏等（2008）；曾春媛等（2015）；常涛等（2015）；易平涛等（2016）；刘慧（2019）；朱梦菲等（2020）；任胜钢、彭建华（2007）；朱海就（2004）；王利军等（2016）；邵云飞、谭劲松（2006）	研发人员数	13
规模企业研发资本	罗守贵、甄峰（2000）；刘凤朝等（2005）；白嘉（2012）；李春艳等（2014）；曾春媛等（2015）；易平涛等（2016）；刘慧（2019）；朱梦菲等（2020）；朱海就（2004）；王利军等（2016）；邵云飞、谭劲松（2006）	规模以上工业企业研发项目内部支出	12
规模企业研发人力资本	罗守贵、甄峰（2000）；白嘉（2012）；陈国宏等（2008）；李春艳等（2014）；曾春媛等（2015）；刘慧（2019）；朱梦菲等（2020）	规模以上工业企业研发人数	7

二级指标类型	相关文件文献	具体二级指标	频次
研发机构	《大连创新指数评价报告》《国家创新能力测度方法及其应用研究》；罗守贵、甄峰（2000）；曾春媛等（2015）；刘慧（2019）；朱梦菲等（2020）	研究开发机构数量	7

3. 区域创新成果指标初选

通过对国内外关于区域创新成果的相关指标进行归纳整理，结果如表 3 - 4 所示。目前，创新成果的测度指标包括区域总体指标、区域人均指标和指标变化率三类。在衡量区域创新成果时较为常用的是区域总体指标，如专利、论文、奖励等，这些指标反映了创新成果的数量；产品转化和合同转化则反映了创新的效益，属于创新质量指标。

表 3 - 4　　　　　　　　　区域创新成果的相关文件和研究

二级指标类型	相关文件文献	具体二级指标	频次
专利	《"十三五"国家科技创新规划》；罗守贵、甄峰（2000）；刘凤朝等（2005）；陈国宏等（2008）；白嘉（2012）；李春艳等（2014）；曾春媛等（2015）；常涛等（2015）；易平涛等（2016）；刘慧（2019）；朱梦菲等（2020）；刘新民、李芳（2015）；任胜钢、彭建华（2007）；朱海就（2004）；王利军等（2016）；邵云飞、谭劲松（2006）	发明专利授权数	19
合同转化	《关于全面提升区域创新能力加快推进国家创新型城市建设的实施意见》；罗守贵、甄峰（2000）；刘凤朝等（2005）；陈国宏等（2008）；白嘉（2012）；李春艳等（2014）；曾春媛等（2015）；常涛等（2015）；易平涛等（2016）；朱梦菲等（2020）；刘新民、李芳（2015）；任胜钢、彭建华（2007）；朱海就（2004）	技术市场技术输出地域的合同金额	15
产品转化	《"十三五"国家科技创新规划》《关于在部分区域系统推进全面创新改革试验的总体方案》；罗守贵、甄峰（2000）；刘凤朝等（2005）；陈国宏等（2008）；白嘉（2012）；曾春媛等（2015）；常涛等（2015）；易平涛等（2016）；朱梦菲等（2020）；刘新民、李芳（2015）	规模以上工业企业新产品销售收入	12

二级指标类型	相关文件文献	具体二级指标	频次
论文	刘凤朝等（2005）；陈国宏等（2008）；白嘉（2012）；曾春媛等（2015）；常涛等（2015）；易平涛等（2016）；朱梦菲等（2020）；刘新民、李芳（2015）；朱海就（2004）；邵云飞、谭劲松（2006）	国际论文数	10
奖励	《大连创新指数评价报告》《国家创新能力测度方法及其应用研究》；刘凤朝等（2005）；刘新民、李芳（2015）	获科技创新奖励数目	4

4. 区域创新网络指标初选

通过对国内外关于区域创新网络的相关指标进行归纳整理，结果如表3－5所示。创新网络反映了区域内部和区域间创新主体的交流活动，已有文献在这方面的测度较少，仅有部分文献考虑了技术转移、产学研合作等方面的指标。在技术转移和扩散方面，区域内部的创新产出向区域内外的流动可以反映区域内研发机构和企业之间的联系，而产学研合作从研发投入的角度测度这种联系。专利或论文的共同署名反映了创新过程中各类主体的合作。大部分文献均考虑了外商投资的重要性，源于外商投资代表国内外技术联系的紧密程度。

表3－5　　　　　　区域创新网络的相关文件和研究

二级指标类型	相关文件文献	具体二级指标	频次
技术流动	《大连创新指数评价报告》《国家创新能力测度方法及其应用研究》；白嘉（2012）；曾春媛等（2015）；刘新民、李芳（2015）；王利军等（2016）；邵云飞、谭劲松（2006）	技术市场技术流向地域合同金额	7
企业交流	《大连创新指数评价报告》《国家创新能力测度方法及其应用研究》；李春艳等（2014）；陈国宏等（2008）；邵云飞、谭劲松（2006）	大中型工业企业购买国内技术成交额	5
产学研合作	易平涛等（2016）；刘凤朝等（2005）；陈国宏等（2008）；王利军等（2016）；邵云飞、谭劲松（2006）	高校和科研院所研发经费内部支出额中来自企业资金的比例	5

续表

二级指标类型	相关文件文献	具体二级指标	频次
国际交流	《大连创新指数评价报告》《国家创新能力测度方法及其应用研究》；罗守贵、甄峰（2000）	国内外共同作者论文数	3
区域内交流	《大连创新指数评价报告》；朱梦菲等（2020）；朱海就（2004）；	省内不同单位共同作者论文数	3
区域间交流	《大连创新指数评价报告》；朱梦菲等（2020）	不同省共同作者论文数	2
外商投资	罗守贵、甄峰（2000）；刘凤朝等（2005）	人均外商投资企业年底注册资金中外资部分	2

5. 区域创新效率指标初选

通过对国内外关于区域创新效率的相关指标进行归纳整理，结果如表 3 – 6 所示。文献中反映区域创新效率的指标较少，但是该指标与反映区域创新成果的指标类似，主要通过测度人均指标来消除规模的影响，以横向比较区域间的效率差异。已有研究大多将人均论文、人均专利和单位资金的产出作为效率指标，本研究对区域创新效率初选也主要参考这些成果。

表 3 – 6 　　　　　　　区域创新效率的相关文件和研究

二级指标类型	相关文件文献	具体二级指标	频次
人均专利	《大连创新指数评价报告》《国家创新能力测度方法及其应用研究》《"十三五"国家科技创新规划》；李春艳等（2014）；曾春媛等（2015）；常涛等（2015）	每万人口发明专利拥有量	6
平均经费产出	《大连创新指数评价报告》《国家创新能力测度方法及其应用研究》；李春艳等（2014）；曾春媛等（2015）	单项专利平均国内经费支出	4
人均论文	《大连创新指数评价报告》；朱梦菲等（2020）；王利军等（2016）	每十万人平均国内外论文发表数	3
人均研发效益	《大连创新指数评价报告》《国家创新能力测度方法及其应用研究》	规模以上工业企业每万名研发人员平均新产品销售收入	2

6. 区域创新成长指标初选

文献中反映区域创新成长的指标相对较多，但并没有集中于几个特定的指标，如表 3 -7 所示。这些指标大多使用变化率来反映创新成长的速度，涵盖创新投入和创新产出两方面，在基数小的情况下，增长率高，多反映创新成长，经济发展等指标可以宏观反映区域整体成长情况，应用较多。

表 3 -7　　　　　　　　　区域创新成长的相关文件和研究

二级指标类型	相关文件文献	具体二级指标	频次
经济发展	刘凤朝等（2005）；陈国宏等（2008）；白嘉（2012）；曾春媛等（2014）；常涛等（2015）；易平涛等（2016）；朱梦菲等（2020）；王利军等（2016）；邵云飞、谭劲松（2006）	国内生产总值增幅	9
研发经费变化	《大连创新指数评价报告》《国家创新能力测度方法及其应用研究》《国家创新驱动发展战略纲要》；邵云飞、谭劲松（2006）	研发经费内部支出增长率	4
论文变化	《大连创新指数评价报告》《国家创新能力测度方法及其应用研究》；刘凤朝等（2005）	国际论文年均增幅	3
规模以上企业研发变化	《大连创新指数评价报告》《国家创新能力测度方法及其应用研究》；白嘉（2012）	规模以上工业企业研发经费内部支出总额年均增幅	3
专利变化	罗守贵和甄峰（2000）；刘凤朝等（2005）；邵云飞和谭劲松（2006）	发明专利申请量年均增幅	3
产品转化变化	《大连创新指数评价报告》；刘凤朝等（2005）	规模以上工业企业新产品销售收入年均增幅	2
研发人员变动	《大连创新指数评价报告》	研发人员全时人员当量增长率	1

（二）区域创新能力要素指标体系初建

通过上述对区域创新能力的分析，在区域创新能力六维要素模型的框架下，综合考虑《中国区域创新能力报告》《中国统计年鉴》《中国科技统计年鉴》中可获得的指标数据，现初步建立起区域创新能力要素评价的指标体系，如表 3 - 8 所示。其中，一级指标包括创新环境、创新资源、创新成果、创新网络、创新成长、创新效率；一级指标下共设 34 个二级指标。

表 3 - 8　　　　　　　　区域创新能力指标体系的初步构建

一级指标	编号	二级指标	含义
创新环境	X_1	人均国内生产总值水平（元）	衡量地区的经济发展水平
	X_2	城镇人口占比（%）	地区城市化水平
	X_3	互联网用户数（万人）	衡量信息基础设施条件
	X_4	6 岁及以上人口中大专以上学历占比（%）	衡量地区的劳动者素质
	X_5	第三产业增加值占国内生产总值的比	衡量地区的产业结构
	X_6	规模以上工业企业研发经费内部支出额中平均获得金融机构贷款额（万元/个）	衡量企业研发的金融环境
创新资源	X_7	研发人员数（人）	衡量地区科技人力投入情况
	X_8	研发经费内部支出（万元）	衡量地区研发经费投入情况
	X_9	研究开发机构数量（个）	衡量区域研发基础情况
	X_{10}	规模以上工业企业研发人数（人）	衡量企业科技人力投入能力
	X_{11}	规模以上工业企业研发经费内部支出额（万元）	衡量企业研发经费投入能力
创新成果	X_{12}	国际论文数（篇）	衡量地区在国际期刊发表论文的水平
	X_{13}	发明专利授权数（件）	衡量地区的高校和科研院所的技术研发水平
	X_{14}	获科技创新奖励数目（件）	衡量区域科技创新情况
	X_{15}	规模以上工业企业新产品销售收入（亿元）	衡量企业的新产品开发能力
	X_{16}	技术市场技术输出地域的合同金额（万元）	衡量地区的技术输出成果情况
创新网络	X_{17}	技术市场、技术流向地域的合同金额（万元）	衡量地区技术流动情况
	X_{18}	高校和科研院所研发经费内部支出额中来自企业资金的比例	衡量企业与高校、科研院所合作情况

续表

一级指标	编号	二级指标	含义
创新网络	X_{19}	大中型工业企业购买国内技术成交额（万元）	衡量工业企业技术交流情况
	X_{20}	每十万人作者同省异单位合作科技论文数（篇/十万人）	衡量地区内部不同单位间的知识合作水平
	X_{21}	每十万人作者异省合作科技论文数（篇/十万人）	衡量不同地区之间的知识合作水平
	X_{22}	每十万人作者异国合作科技论文数（篇/十万人）	衡量地区与国际机构的知识合作水平
	X_{23}	人均外商投资企业年底注册资金中外资部分（万美元）	衡量利用外资的情况
创新效率	X_{24}	每十万人平均发表的国际论文数（篇/十万人）	衡量地区每十万人在国际期刊发表论文情况
	X_{25}	每亿元研发经费内部支出产生的发明专利授权数（件/亿元）	衡量地区高校和科研院所每亿元研发经费内部支出所产生的技术研发水平
	X_{26}	每万人平均发明专利授权数（件/万人）	衡量地区高校和科研院所人均技术研发水平
	X_{27}	规模以上工业企业每万名研发人员平均新产品销售收入（元/人）	衡量企业每万名研发人员的新产品开发能力
创新成长	X_{28}	国内生产总值增长速度（%）	衡量地区经济增长情况
	X_{29}	研发人员全时人员当量增长率（%）	衡量地区科技人力投入增长情况
	X_{30}	研发经费内部支出增长率（%）	衡量地区研发经费投入增长情况
	X_{31}	国际论文数增长率（%）	衡量地区在国际期刊发表论文的增长情况
	X_{32}	发明专利授权数增长率（%）	衡量地区的高校和科研院所技术研发水平增长情况
	X_{33}	规模以上工业企业新产品销售收入增长率（%）	衡量企业的新产品开发能力增长情况
	X_{34}	规模以上工业企业研发经费内部支出总额增长率（%）	衡量企业研发经费投入能力增长情况

四、区域创新能力指标体系优化

基于上文构建的区域创新能力六维要素模型与创新能力的初选指标，设置区域创新能力指标重要性判断的调查问卷，利用专家咨询法和因子分析法对问卷结果进行统计分析，以对初选指标进一步地筛选和优化，由此确定区域创新能力指标体系。

（一）研究方法

为进一步修正完善区域创新能力的初始指标体系，采用专家调查法和因子分析法进行研究。

1. 专家调查法

专家调查法又称德尔菲法，是常见的主观评价法。指的是通过多轮专家意见征询，依据评议结果对各指标体系进行修改完善。德尔菲法存在周期过长、主观性强等缺陷。因此，本研究第一轮进行专家评议，并基于评议结果对区域创新能力指标体系进行第一次修正。在此基础上，第二轮采用因子分析法对区域创新能力指标体系进行优化。具体步骤如下。

（1）专家选取

为了确保区域创新能力指标体系筛选的准确性和科学性，所选专家要求具有与本研究的理论和实践高度相关的专业人员，具体的选取标准包括以下几点：第一，所选专家的职称为教授；第二，熟悉或从事创新管理及区域经济相关研究；第三，配合度较高。

（2）问卷设计和发放

根据初拟的区域创新能力指标体系设计问卷，在此基础上向选取的相关专家在线发放问卷，以收集专家调查数据。

（3）调查结果分析

在对调查结果进行一致性检验的基础上，计算每个指标项的均值、标准差和变异系数，在此基础上以专家意见为依据，通过综合考量修正各指标项。其中，均值用于表现评价指标的平均重要程度；标准差用于表现不同指标项重要程度评价的分散情况；变异系数标准差与其对应均值的比值，该比值越大，表明数据的离散程度越高，一般用于表现专家意见的协调度和评议结果的可信度。

2. 因子分析法

回顾现有的研究可以发现，因子分析被广泛应用于各类问题的综合评价研究，如企业的综合经济效益评价，企业品牌力评价指标体系构建，地区发展水平评价以及区域创新能力的指标体系构建等。尽管具体的研究问题不同，但因子分析法的目的在于用少数几个核心因子来综合描述许多指标或因素之间的密切关系，具体可分为探索性因子分析法和验证性因子分析法。考虑到本研究区域创新能力指标体系是基于现有的理论知识构建所得，并将运用专家调查法（德尔菲法）对初选指标体系中的指标进行调整。因此，在第一轮专家的基础上，本研究选用验证性因子分析法，应用社会科学统计软件包（statistical package for the social sciences，SPSS）对区域创新能力指标体系进行第二轮调整与优化。具体步骤如下。

（1）问卷设计

根据第一轮专家评议结果得到的区域创新能力指标体系，设计出第二轮因子分析的区域创新能力指标体系调查问卷，在此基础上，向高校、科研机构和高校相关人员发放问卷，以收集问卷调查数据。

（2）量表的信度、效度检验

对第二轮区域创新能力指标体系调查结果进行信度和效度检验。信度分析用于测量样本回答结果是否可靠，效度分析用于测量题项的设计是否合理。验证性因子分析的主要目的在于效度验证，具体包括内容效度、结构效度、聚合效度和区分效度等（如表3-9所示）。

表 3 - 9　　　　　　　　　　　效度的分类及内容

名称	含义
内容效度	通过文字描述量表的有效性，例如专家认可、具有参考文献
结构效度	因子与测量题项的对应关系是否符合预期
聚合效度	检验应该在同一因子下的测量项是否在同一因子下
区分效度	检验不应该在同一因子的测量项是否不在同一因子下

（3）因子载荷分析

因子载荷分析的目的在于删除不合理测量项，如果某测量项与因子间的载荷系数值过低，例如小于 0.5，说明该测量项与因子间关系较弱，需要删除该测量项，从而得到优化后的区域创新能力指标体系。

（二）基于专家调查的区域创新能力指标体系第一轮优化分析

1. 专家选择

根据前面的三点选取标准，本研究共选择了 7 位从事创新相关研究的专家学者作为咨询专家群，如表 3 - 10 所示。

表 3 - 10　　　　　　　　　选取专家的基本情况汇总表

序号	职称	研究方向	单位
1	教授	创新管理	四川大学
2	教授	创新管理	福州大学
3	教授	科技管理	内蒙古大学
4	教授	创新管理	大连理工大学
5	教授	科技管理	大连理工大学
6	特别研究员	创新管理	中国科学技术大学
7	教授	区域经济	东北财经大学

2. 问卷设计和发放

本研究第一轮向专家学者发放《区域创新能力指标体系构建专家评价表》，以收集评议专家对区域创新能力指标项的打分数据和修改意见，具体内容见附录1。问卷分为三部分：第一部分是专家的基本信息，包括性别、年龄、职称、学历、研究方向和所在单位。第二部分是指标体系专家评价表，由指标框架、指标评级与专家修改意见三部分构成。采用李克特等级量表设计指标评级的相关问题，其中，等级"1"至等级"5"分别代表"非常不重要""不重要""不确定""重要"以及"非常重要"。专家修改意见包括入选、剔除与修改。第三部分是专家对指标的熟悉程度和判断依据调查，在此基础上进一步分析专家组对区域创新能力指标体系构建的权威度和可信度。本轮共向7位专家发放调查问卷，回收7份有效问卷，问卷回收率100%。

3. 专家征询结果分析

专家的权威程度对调查的可靠性有至关重要的影响。专家权威程度一般由专家对方案做出判断的依据和专家对问题的熟悉程度表示。其中，判断依据包括实践经验、理论分析、同行了解、直观选择四部分，熟悉程度则分为五个等级。通过计算判断依据与熟悉程度的平均值，便得到了权威程度的值。参考李政等（2018）的研究，对判断依据和熟悉程度的赋值如表3-11所示。经测算，专家调查组的权威系数值为0.91，说明权威程度较高。

表3-11　　　　专家对指标的判断依据与熟悉程度情况赋值表

判断依据	依据程度			熟悉程度	赋值
	大	中	小	非常熟悉	1.00
实践经验	0.5	0.4	0.3	比较熟悉	0.75
理论分析	0.3	0.2	0.1	熟悉	0.50
同行了解	0.1	0.1	0.1	不太熟悉	0.25
直观选择	0.1	0.1	0.1	很不熟悉	0.00

首先对第一轮专家调查数据进行统计分析。针对调查结果进行一致性检验，目的是为了判断专家对每个要素的评价是否存在较大差异。本研究利用常见的肯德尔（Kendall）协调系数对调查结果的一致性进行检验，所得系数为 0.455，说明 7 位专家的调查结果具有一致性。

根据第一轮专家调查结果，创新资源、创新环境、创新网络、创新成果、创新效率和创新成长的一级指标入选率均为 100%。对二级指标的均值、标准差及变异系数进行分析（如表 3-12 所示）。结果发现，除城镇人口占比、第三产业增加值占国内生产总值的比例、研究开发机构数量、获科技创新奖励数目、大中型工业企业购买国内技术成交额和国内生产总值增长速度指标外，其余二级指标的均值都在 3.714~4.714 之间，说明这些指标都很重要；标准差均在 0.350~0.990 之间，反映了各专家对指标体系的意见趋于集中；变异系数均在 0.084~0.239 之间，意味着去除上述五个二级指标后，专家们对该测评指标体系的意见协调程度较高，指标体系的收敛性较好。综上所述，在对专家调查结果进行统计分析的基础上，结合各位专家给出的反馈意见和指标筛选建议，剔除初始指标体系中的城镇人口占比、第三产业增加值占国内生产总值的比例、研究开发机构数量、获科技创新奖励数目、大中型工业企业购买国内技术成交额和国内生产总值增长速度共六个二级指标，以便进一步对修改后的指标体系进行因子分析。

表 3-12 　　专家对二级指标的均值、标准差及变异系数统计分析结果

一级指标	编号	二级指标	均值	标准差	变异系数
创新环境	X_1	人均国内生产总值水平（元）	4.143	0.990	0.239
	X_2	城镇人口占比（%）	2.429	1.294	0.533
	X_3	互联网用户数（万人）	3.714	0.700	0.188
	X_4	6 岁及以上人口中大专以上学历占比（%）	4.429	0.728	0.164
	X_5	第三产业增加值占国内生产总值的比	3.286	0.700	0.213
	X_6	规模以上工业企业研发经费内部支出额中平均获得金融机构贷款额（万元/个）	4.571	0.728	0.159

一级指标	编号	二级指标	均值	标准差	变异系数
创新资源	X_7	研发人员数（人）	4.286	0.700	0.163
	X_8	研发经费内部支出（万元）	4.571	0.728	0.159
	X_9	研究开发机构数量（个）	2.857	1.245	0.436
	X_{10}	规模以上工业企业研发人数（人）	4.571	0.495	0.108
	X_{11}	规模以上工业企业研发经费内部支出额（万元）	4.429	0.728	0.164
创新成果	X_{12}	国际论文数（篇）	3.714	0.452	0.122
	X_{13}	发明专利授权数（件）	4.571	0.728	0.159
	X_{14}	获科技创新奖励数目（件）	2.714	1.385	0.510
	X_{15}	规模以上工业企业新产品销售收入（亿元）	4.714	0.700	0.148
	X_{16}	技术市场技术输出地域的合同金额（万元）	4.143	0.990	0.239
创新网络	X_{17}	技术市场技术流向地域的合同金额（万元）	4.571	0.728	0.159
	X_{18}	高校和科研院所研发经费内部支出额中来自企业资金的比例	4.000	0.535	0.134
	X_{19}	大中型工业企业购买国内技术成交额（万元）	2.286	1.030	0.451
	X_{20}	每十万人作者同省异单位合作科技论文数（篇/十万人）	3.714	0.452	0.122
	X_{21}	每十万人作者异省合作科技论文数（篇/十万人）	3.714	0.700	0.188
	X_{22}	每十万人作者异国合作科技论文数（篇/十万人）	4.000	0.756	0.189
	X_{23}	人均外商投资企业年底注册资金中外资部分（万美元）	3.714	0.700	0.188
创新效率	X_{24}	每十万人平均发表的国际论文数（篇/十万人）	3.714	0.452	0.122
	X_{25}	每亿元研发经费内部支出产生的发明专利授权数（件/亿元）	4.571	0.495	0.108
	X_{26}	每万人平均发明专利授权数（件/万人）	4.286	0.700	0.163
	X_{27}	规模以上工业企业每万名研发人员平均新产品销售收入（元/人）	4.143	0.833	0.201

续表

一级指标	编号	二级指标	均值	标准差	变异系数
创新成长	X_{28}	国内生产总值增长率（%）	2.429	1.050	0.432
	X_{29}	研发人员全时人员当量增长率（%）	4.286	0.700	0.163
	X_{30}	研发经费内部支出增长率（%）	4.571	0.495	0.108
	X_{31}	国际论文数增长率（%）	3.714	0.700	0.188
	X_{32}	发明专利授权数增长率（%）	4.714	0.452	0.096
	X_{33}	规模以上工业企业新产品销售收入增长率（%）	4.571	0.728	0.159
	X_{34}	规模以上工业企业研发经费内部支出总额增长率（%）	4.571	0.728	0.159

（三）基于因子分析的区域创新能力指标体系第二轮优化分析

1. 问卷设计

第二轮问卷调查，我们发放了《关于区域创新能力指标体系的调查问卷》。调查问卷的具体内容详见附录2。问卷主体分为三个部分，第一部分是区域创新能力指标体系内容的介绍，向被调查者介绍了基于第一轮专家咨询意见修改后的区域创新能力指标评价体系。第二部分是为了了解被调查者对区域创新能力评价指标重要性程度的认知水平，要求被调查者根据自己的经验，对每一个二级指标的重要性进行判断。为使构建的指标体系更具有科学性，采用问卷调查法，基于李克特等级量表设计相关题项，并设计五个打分等级，分别赋值为5、4、3、2、1，对应着"非常重要""比较重要""说不准""不太重要"和"非常不重要"，让被调查者根据真实想法评价出每个指标的重要程度。第三部分是基础情况调查，用来收集被调查者的基本信息，如性别、年龄和学历等。通过对此类信息的分析，有助于确定不同类型调查者群体在区域创新能力评价的问题中所关注评价指标的侧重点。

第二轮调查共发放问卷225份，其中有效问卷203份，问卷有效率为

90.2%。被调查人群的描述性统计特征如表3－13所示。回收的203份有效问卷显示，在被调查者中，受访男性占42.9%，受访女性占57.1%，女性受访者相对较多。年龄方面，35岁以下的有200人，占比98.3%；36～45岁的被调查者2人，46岁以上的被调查者仅1人。问卷学历构成的统计结果显示，被调查者学历为本科及专科以下的共有8人，本科及专科学历的共有73人，硕士研究生学历有93人，博士研究生及以上学历的共有29人。

表 3－13　　　　　　　　　调查样本基本情况的描述性统计结果

统计项		频率	分布比例（%）
性别	男性	87	42.9
	女性	116	57.1
年龄	35 岁以下	200	98.3
	36～45 岁	2	1.1
	46 岁以上	1	0.6
身份	在读学生	104	51.2
	教师和科研人员	66	32.5
	公务员	8	3.94
	其他行业从业人员	20	9.9
	无职业者	5	2.5
学历构成	专科以下	8	4.0
	本科及专科	73	36.0
	硕士研究生	93	45.7
	博士研究生	29	14.3

根据调查问卷统计数据，从样本量、最大值、最小值、平均值和方差，对调查样本各变量得分进行了相关计算，结果如表3－14所示。

表 3-14   调查样本变量统计分析结果

题项	描述性统计				
	样本量	最大值	最小值	平均值	标准差
人均国内生产总值水平	203	5	2	4.517	0.624
互联网用户数	203	5	3	4.482	0.548
6 岁及 6 岁以上人口中大专以上学历所占比例	203	5	3	4.729	0.467
规模以上工业企业研发经费内部支出额中平均获得金融机构贷款额	203	5	2	4.512	0.591
研究与试验发展人员数	203	5	4	4.753	0.431
研究与试验发展经费内部支出总额	203	5	3	4.679	0.488
规模以上工业企业研发人员数	203	5	3	4.674	0.49
规模以上工业企业研发经费内部支出总额	203	5	3	4.665	0.493
技术市场技术流向地域合同金额	203	5	2	4.443	0.605
高校和科研院所研发经费内部支出额中来自企业资金的比例	203	5	2	4.458	0.59
每十万人作者同省异单位合作科技论文数	203	5	2	4.394	0.623
每十万人作者异省合作科技论文数	203	5	2	4.354	0.615
每百万人作者异国合作科技论文数	203	5	2	4.32	0.66
人均外商投资企业年底注册资金中外资部分	203	5	2	4.32	0.63
每十万人平均发表的国际论文数	203	5	2	4.28	0.847
每亿元研发经费内部支出产生的发明专利授权数	203	5	2	4.364	0.754
每百万人平均发明专利授权数	203	5	1	4.344	0.776
规模以上工业企业每万名研发人员新产品销售收入	203	5	2	4.339	0.756
研究与试验发展人员数增长率	203	5	2	4.472	0.631
研究与试验发展经费内部支出增长率	203	5	2	4.541	0.622
国际论文数增长率	203	5	2	4.403	0.6
发明专利授权数增长率	203	5	2	4.467	0.599
规模以上工业企业新产品销售收入增长率	203	5	2	4.527	0.631

续表

题项	描述性统计				
	样本量	最大值	最小值	平均值	标准差
规模以上工业企业研发经费内部支出总额增长率	203	5	2	4.517	0.624
国际论文数	203	5	2	4.487	0.616
发明专利授权数	203	5	2	4.576	0.586
规模以上工业企业新产品销售收入	203	5	2	4.418	0.61
技术市场技术输出地域合同金额	203	5	2	4.364	0.617

2. 信度和效度检验

（1）信度检验

计算量表的克朗巴哈系数来进行信度检验，一般认为，$\alpha < 0.35$ 时，量表可靠性程度较低，即为低信度；当 $0.35 < \alpha < 0.7$ 时，量表的可靠性可以接受；$\alpha > 0.7$ 为高信度，说明量表有较高的可靠性。信度检验的结果如表 3-15 所示，量表整体的克朗巴哈系数为 0.950，说明量表的可靠性较高。6 个评价维度的克朗巴哈系数均高于 0.7。在各维度逐个删除变量后，克朗巴哈系数均变小，说明各维度内各个指标的重要性与必要性。以上分析表明，本研究设计的调查问卷结构合理，经由问卷获取的数据所构建的区域创新能力评价指标体系具有良好信度。

表 3-15   问卷信度检验值

维度	变量	删除变量后各维内部克朗巴哈系数	各维内部克朗巴哈系数
创新环境	X_1	0.708	0.830
	X_3	0.806	
	X_4	0.775	
	X_6	0.727	

续表

维度	变量	删除变量后各维内部 克朗巴哈系数	各维内部 克朗巴哈系数
创新资源	X_7	0.885	0.885
	X_8	0.826	
	X_{10}	0.863	
	X_{11}	0.827	
创新成果	X_{12}	0.924	0.932
	X_{13}	0.922	
	X_{15}	0.912	
	X_{16}	0.912	
创新网络	X_{17}	0.920	0.895
	X_{18}	0.930	
	X_{20}	0.875	
	X_{21}	0.873	
	X_{22}	0.835	
	X_{23}	0.873	
创新效率	X_{24}	0.847	0.872
	X_{25}	0.865	
	X_{26}	0.841	
	X_{27}	0.788	
创新成长	X_{29}	0.923	0.937
	X_{30}	0.934	
	X_{31}	0.935	
	X_{32}	0.927	
	X_{33}	0.916	
	X_{34}	0.914	
量表整体克朗巴哈系数		0.950	

(2) 效度检验

KMO（Kaiser - Meyer - Olkin）样本检验和巴特利特球形检验是检测样本数据是否适宜进行探索性样本分析的重要参考依据。一般认为，KMO 值小于 0.5 时，不适合进行因子分析。由表 3 - 16 可知，指标体系整体的 KMO 值为 0.875，大于 0.5，符合要求。巴特利特球体检验显著性水平为 0.000，小于 0.001，说明数据具有相关性。因此，问卷结果可用来进行探索性因子分析。

表 3 - 16　　　　　　　　　KMO 和巴特利特球体检验结果

KMO 统计值	巴特利特球体检验值	df.	Sig.
0.873	5 203.037	496	0.000

对量表的聚合效度和区分效度进行检验。具体来看，平均方差萃取和组合信度是判断聚合效度的重要指标。针对 6 种创新能力和 28 个二级指标进行聚合效度分析，观察表 3 - 17 可知，全体一级指标对应的平均方差萃取值均大于 0.5，且组合信度值均高于 0.7，表明调查数据的聚合效度良好。进一步看区分效度，常用的检验方法为，比较因子平均方差萃取平方根的值及其与剩余因子的相关系数的绝对值大小，如果大于，则说明区分效度良好。表 3 - 18 为区分效度的检验结果，其中斜对角线为平均方差萃取平方根值，其余值为相关系数。由表 3 - 18 可知，区域创新环境与其余 5 类创新能力要素相关系数绝对值的最大值（0.503）小于其平均方差萃取平方根的值（0.797），说明区分效度良好。同样的，区域创新资源、创新成果、创新网络、创新成长、创新效率都通过了区分效度检验。

表 3 - 17　　　　　　　区域创新能力量表的聚合效度检验结果

一级指标	平均方差萃取	组合信度
创新环境	0.636	0.861
创新资源	0.674	0.888

一级指标	平均方差萃取	组合信度
创新成果	0.679	0.892
创新网络	0.700	0.933
创新成长	0.646	0.876
创新效率	0.711	0.935

表 3 - 18　　　　区域创新能力量表的区分效度检验结果

一级指标	创新环境	创新资源	创新成果	创新网络	创新成长	创新效率
创新环境	0.797					
创新资源	0.503	0.821				
创新成果	0.324	0.580	0.824			
创新网络	0.411	0.557	0.643	0.837		
创新成长	0.281	0.390	0.515	0.515	0.804	
创新效率	0.318	0.587	0.559	0.601	0.539	0.843

（3）因子载荷分析

通过计算因子载荷系数，可以对一级指标与二级指标间的相关情况进行分析。如果某项指标没有通过显著性检验，或者其标准载荷系数值低于 0.4，通常可以认为该项二级指标与一级指标间的相关关系较弱，可考虑移除该项。203 份有效问卷的因子载荷系数计算结果如表 3 - 19 所示。从测量结果来看，28 个二级指标的标准载荷系数位于 0.492～0.970，且都通过了显著性检验，说明所有二级指标均可以保留。

表 3 - 19　　　　区域创新能力量表的因子载荷系数

变量	标准载荷系数	P 值
X_1	0.955	0.000
X_3	0.492	0.000

续表

变量	标准载荷系数	P 值
X_4	0.571	0.000
X_6	0.927	0.000
X_7	0.619	0.000
X_8	0.958	0.000
X_{10}	0.699	0.000
X_{11}	0.916	0.000
X_{12}	0.684	0.000
X_{13}	0.683	0.000
X_{15}	0.971	0.000
X_{16}	0.907	0.000
X_{17}	0.798	0.000
X_{18}	0.803	0.000
X_{20}	0.917	0.000
X_{21}	0.907	0.000
X_{22}	0.845	0.000
X_{23}	0.732	0.000
X_{24}	0.860	0.000
X_{25}	0.638	0.000
X_{26}	0.690	0.000
X_{27}	0.973	0.000
X_{29}	0.852	0.000
X_{30}	0.749	0.000
X_{31}	0.695	0.000
X_{32}	0.778	0.000
X_{33}	0.957	0.000
X_{34}	0.970	0.000

由此得到优化后的区域创新能力指标体系如表 3 - 20 所示。

表 3 – 20   优化后的区域创新能力评价指标体系

一级指标	编号	二级指标
创新环境	X_1	人均国内生产总值（元）
	X_3	互联网用户数（万人）
	X_4	6 岁及 6 岁以上人口中大专以上学历所占的比例（%）
	X_6	规模以上工业企业研发经费内部支出额中平均获得金融机构贷款额（万元/个）
创新资源	X_7	研究与试验发展人员数（人）
	X_8	研究与试验发展经费内部支出（万元）
	X_{10}	规模以上工业企业研究与试验发展人员数（人）
	X_{11}	规模以上工业企业研发经费内部支出总额（万元）
创新成果	X_{12}	国际论文数（篇）
	X_{13}	发明专利授权数（件）
	X_{15}	规模以上工业企业新产品销售收入（亿元）
	X_{16}	技术市场技术输出地域的合同金额（万元）
创新网络	X_{17}	技术市场技术流向地域合同金额（万元）
	X_{18}	高校和科研院所研发经费内部支出额中来自企业资金的比例
	X_{20}	每十万人作者同省异单位合作科技论文数（篇/十万人）
	X_{21}	每十万人作者异省合作科技论文数（篇/十万人）
	X_{22}	每百万人作者异国合作科技论文数（篇/百万人）
	X_{23}	人均外商投资企业年底注册资金中外资部分（万美元）
创新效率	X_{24}	每十万人平均发表的国际论文数（篇/十万人）
	X_{25}	每亿元研发经费内部支出产生的发明专利授权数（件/亿元）
	X_{26}	每百万人平均发明专利授权数（件/百万人）
	X_{27}	规模以上工业企业每万名研发人员平均新产品销售收入（元/人）
创新成长	X_{29}	研发人员数增长率（%）
	X_{30}	研发经费内部支出增长率（%）
	X_{31}	国际论文数增长率（%）
	X_{32}	发明专利授权数增长率（%）
	X_{33}	规模以上工业企业新产品销售收入增长率（%）
	X_{34}	规模以上工业企业研发经费内部支出总额增长率（%）

五、本章小结

对区域创新能力进行分析的一个重要基础是要厘清区域创新能力是如何形成的以及如何测度。本章梳理了区域创新能力要素模型构建的相关研究。从钻石模型开始，学者们不断地对区域创新能力要素模型进行完善，从最初强调产业集群发展到强调人力资本和创新政策的作用，再到强调公共研发投入的重要性，同时也从难以量化的指标发展到分类明确的指标体系，区域创新能力要素模型得到了一定的补充与完善。但是，现有的区域创新能力要素模型仍旧存在薄弱环节，如对创新环境、创新联系质量等要素的描述单薄，各个要素之间联系不足等问题。本章对已有的 FP&S 创新能力要素模型和 H&M 模型进行了重新整合，重点分析了区域创新能力的上下游能力要素，对上游的创新环境要素加以完善，将创新联系要素升级为创新网络要素，从下游的创新产出要素细分出创新成果、创新效率和创新成长要素。提出了以创新环境、创新资源以及创新网络要素为上游能力，以创新成果、创新效率和创新成长要素为下游能力的六维创新能力要素模型。

在建立了区域创新能力的理论模型之后，本章遵循系统性、科学性、动静结合和可操作性的原则，收集了大量的文献和政策报告，在此基础上建立了初步的区域创新能力指标体系。之后，采用专家调查法，进行了信效度检验，构建了由 6 个一级指标和 28 个二级指标组成的区域创新能力评价指标体系。

第四章

区域创新体系生命周期
创新能力演化规律

区域创新系统一直处于动态的发展中，对于区域创新系统不同的发展阶段，与其实际发展相适应的创新能力要素组合也会随之变化。为了揭示与区域创新体系发展阶段相适配的创新能力演化规律，本章对区域创新体系生命周期各阶段创新能力要素的演化进行分析，并据此构建创新能力要素演化的理论模型，通过方差分析法实证检验创新能力要素与区域创新体系生命周期的适配关系，得出区域创新体系生命周期创新能力要素演化的动态路径。

一、区域创新体系生命周期创新
能力演化的理论模型

（一）区域创新能力要素与区域创新体系生命周期的适配关系

本研究将区域创新体系的生命周期划分四个阶段，分别为初生期、成长期、成熟期和衰退/再生期。下面分析各个时期区域创新能力要素的特点和对应的发展重点。

1. 初生期

初生期是区域创新体系生命周期的第一阶段。在这一阶段，区域创新体系得以初步建立，创新环境、创新资源以及创新网络三大上游要素初步形成，但仍处于摸索发展中，区域创新能力各要素的规模水平较低且联系松散，区域创新环境、资源以及网络三者尚未形成有效互动，导致创新成果较少、创新效率偏低。初生期的关键在于维持区域创新体系的生存，这意味着必须建立基本的创新环境、聚集充足的创新资源并表现出一定的创新成长。因此，创新环境、创新资源和创新成长要素在初生期起着主导作用，创新网络、创新成果和创新效率这三个创新能力要素起辅助作用。

具体来看，创新环境是区域创新得以存在的基础。基础设施、公共服务和法律法规的完善使得创新资源可以在区域内进行合理分配，并激发企业创新的动力。区域创新体系的进一步发展必然是以创新环境的不断改善为基础的。初生期的区域创新体系对外部创新资源的吸引力仅仅依靠个别企业来实现，区域内的创新活动能够利用的资源主要是区域内部的自然资源和人力资源。区域的创新资源要素不足，直接限制了区域的创新成果水平，使得创新潜力无法发挥，创新成长水平偏低。进一步吸引创新资源的关键在于创新成长和创新环境。创新成长的提高意味着创新产出的高增长，创新环境的改善意味着创新资源可以被有效利用，可以进一步吸引区域内外的创新资源和创新主体，从而为区域创新体系向下一个阶段的迈进奠定基础。因此，在这一阶段，创新环境、创新资源和创新成长相互作用，是初生期的主导能力要素。

相比之下，虽然其他三个创新能力要素也处于较低水平，但并不是这一阶段的主导能力。首先，区域创新体系的创新主体之间的联系刚刚建立，但是并不十分紧密，因此导致创新网络水平较低，非常不稳定。创新网络的进一步发展需要足够多的创新资源和创新主体，这正是创新成长起到主导作用的原因之一。其次，由于创新环境和创新资源的匮乏，从根本上限制了创新成果的产出，偶尔产生的创新，单位投入产出比较小，创新资源的利用率较低。信息、人才、技术等资源单方面流动，创新成果和创新效率处于较低水平。因此，在初生期，创新环境、创新资源和创新成长是起着主导作用的创新能力要素，三者相互促进是区域创新体系维持生存并进一步发展的关键。

综上所述，从初生期的六类区域创新能力要素来看，由于创新网络发展水平较低、创新资源较少和创新环境较差，区域内的创新效率、创新成长以及创新成果均处于较低水平。在这一阶段，最重要的是维持区域创新体系的基本生存，这就需要在区域创新体系的初生阶段重点培育创新环境、创新资源和创新成长，提高创新产出的增速，吸引创新资源和创新主体，当然，还应兼顾创新网络、创新效率和创新成果的发展。

2. 成长期

成长期是区域创新体系生命周期的第二阶段，形成于初生期的创新环境在这一阶段不断完善，这将吸引更多的创新资源。随着创新主体的增加以及这些创新主体之间互动的不断加强，创新网络获得了进一步发展。三大要素的发展和互动，使得区域的创新能力得到同步提升。总体来看，区域创新体系在成长期需要基于现有创新资源、环境和网络水平，快速产生成果、提升效率。因此，这一阶段的创新效率和创新成长起着主导作用。

具体来看，区域创新体系在成长期所面临的问题和初生期具有显著的差异。首先，创新资源和创新网络对区域创新体系发展的制约逐渐减弱。经过初生期的发展，政府通过积累各种人才、资金和创新政策的支持，开始逐渐吸引优秀人才和社会资金的流入，成长期的创新资源水平有了明显提高。伴随而来的是创新主体的增加，一方面推动了新观念、新知识与新技术在区域内不断传播，进而促进了专业市场的形成、信息共享与知识的快速流动；另一方面，使得同一产业内的竞争压力增大，各类创新要素和信息在区域内开始向双向传递的趋势转变，加固了现有的创新网络。区域基础设施建设和信息基础设施也逐步完善，政策、文化等创新软环境较初生期都有所改善，创新环境要素也发展迅速。上述三种要素相互作用、相互加强，推动了创新成果的产出。但上述三大区域创新能力要素的增加和创新成果产出的增长并不完全同步，资源配置效率较低，单位投入产出并没有达到最高水平。相比于初生期，成长期面临的最主要问题是如何高效率利用资源，产出更多的成果，从而建立短期优势，这是区域创新体系进一步发展的关键。因此，以创新效率要素衡量的创新成果的单位投入产出和以创新成长要素衡量的资源和创新成果的增加量是这一阶段更为重要的能力要素。

区域创新效率和区域创新成长，进一步决定了区域创新资源、创新网络和创新环境的发展前景。在这一阶段，区域创新能力六大要素之间的联系不断加强，不再单独发挥作用。一方面，创新效率和创新成长决定了区域创新体系能否建立短期优势，这影响了区域对外部资金、人才和创新主体的吸引能力，进而影响区域创新环境和创新网络；另一方面，创新效率和创新成长的提高激励政府等改善区域创新环境，以更好地适应区域创新网络。因此，在成长期，创新效率和创新成长在区域创新体系发展中起着主导作用。

综上所述，在区域创新体系进入成长期后，区域创新体系得到快速发展。这一阶段的标志是创新资源的极大丰富和创新主体间互动频繁、联系紧密，创新网络逐渐稳固，以及创新环境的逐步完善，区域创新体系上游三大能力的改善从根本上极大地促进了创新成果的提升。但是在成长期，区域内的创新资源并未完全被有效利用，存在资源利用效率不足的问题。因此，为保持创新体系的短期竞争优势，应重点培育创新效率和创新成长，并将创新环境、创新资源、创新网络和创新成果作为辅助能力。

3. 成熟期

区域创新体系经历了成长期的发展，成熟期的区域创新体系各组成部分都已发展稳定、体系完善，形成了自己的特色，且运行稳定，创新能力非常强。区域创新体系的发展目标是维持长期的竞争优势，重点在于提高区域创新成果和创新效率。

相比于成长期，成熟期区域创新体系的创新环境、创新资源和创新网络三大创新能力要素处于最高水平，创新效率也达到了最高水平，整体属于区域创新体系的最高形态。但区域创新体系发展的内部路径依赖也达到了高峰。因为区域发展过程中，创新主体的灵活性和可控性发生变化，由于发展较为稳定，区域逐渐加强对创新体系的约束，创新主体的灵活性进一步降低，并且出现了约束力强于灵活性的趋势。这一阶段，创新成果虽然仍旧不断增加，但由于创新难度的增加和市场规模的稳定，区域创新主体投入动机不断减弱，出现了依赖于已有技术占据市场的企业，一旦面临外部环境发生变化，在成长期建立的短期优势将会被打破。因此，在成熟期，区域创新体系重点在于建立长期的竞争优势，这就需要不断地推动创新成果的产出和高效率利用已有资源，即重点在于提高区域创新成果和创新效率。

成熟期的创新成果和创新效率决定了区域创新体系未来的发展方向，而其他方面则基本保持稳定。首先，区域创新体系已经具备了适合区域发展的良好的创新环境，社会环境、奖惩措施、政策法规逐步完善，创新思维、价值观念、社会习惯、行为方式等软环境基本形成且不易改变，因此，在成熟期区域创新环境基本定型。其次，创新资源和创新主体经过初生期和成长期的发展也基本稳定，支撑创新体系的企业、高等院校、研究机构等创新主体已形成了一个稳定、不易外移的创新主体网络结构。最后，成熟期已经积累了大量的创新成果且发展方向基本定型，区域创新成长较弱且不易改变。上述四个方面发展潜力较小，因此区域创新体系的进一步完善主要由创新成果和创新成长主导。

综上所述，在成熟期，区域创新体系经过成长期的发展完善后逐渐成熟，形成了具有本区域特色的创新体系。其标志在于，创新体系的各构成要素丰富多样，创新环境良好，各部分联系紧密，形成了结构稳定的创新网络，创新效率不断提高，且创新成果丰富。创新成长经历长期快速发展后趋于稳定，市场需求成为区域创新体系发展的真正驱动力。在这种条件下，区域创新主体由追求短期竞争能力转向谋求长期的竞争能力，使创新体系能持续产出优质的创新成果。因此，创新效率和创新成果在这一阶段起主导作用，创新资源、创新环境、创新网络和创新成长则起辅助作用。

4. 衰退（落）/再生期

衰退/再生期是区域创新体系生命周期的最后阶段，这一阶段，区域创新体系各方面能力要素都开始显著下降。衰退期的出现，意味着现有的创新主体所构建的创新网络已经无法高效利用所积累的创新资源，知识流通不畅，形成了路径依赖。因此，衰退期是否能够转变为再生期，关键在于能否重塑现有的创新网络，能否使积累的创新资源重新得到高效利用。因此，创新网络在这一阶段起着主导作用。

成熟期的区域创新体系虽然处于一种较为稳定且高效的状态，但是科学技术出现突破性进展，市场环境发生变化等因素可能导致现有创新体系失去建立的长期优势，无法生产足够多的创新产品维持自身的生存发展，因而进入衰退期。在这种情况下，区域创新体系亟须调整六大创新要素，以适应新的环境。自成熟期形成的路径依赖达到了顶峰，虽然创新资源丰富，但主要聚集于创新网络的核心头部企业，创新产品也主要来自这些企业，创新网络中的其他主体主要为这些核心企业服务。这种路径依赖使得头部企业放弃已有的优势，选择自我革新的难度巨大，来自内部既得利益者和创新网络其他节点的阻力使得当前的创新网络无法有效分配资源，知识流动受阻。因此，扭转衰退期进入再生期的关键在于打破现有的创新网络，使得丰富的创新资源在创新主体中重新分配，通过激发竞争来培育新的创新网络，创新网络在衰替期是唯一的主导能力要素。

相比而言，区域创新体系在经历成熟期的发展后，创新资源极大丰富，各类区域外部的资金和创新主体不断被吸纳到区域创新体系内部，创新资源并不是阻碍衰退期迈向再生期的关键。成熟期形成的创新的社会习惯、奖励机制和政策法规长期不变，整体创新环境难以改变，无法快速扭转步入衰退期的区域创新体系的发展方向。而受制于上游创新资源、创新环境和创新网络的不协调，下游的创新成果、创新效率和创新成长均处于较低水平，即创新资源、创新环境、创新成果、创新效率和创新成长均不是扭转区域创新体系进入衰退期的关键能力要素。

当外部环境改变时，只有打破现有的路径依赖改善创新网络，淘汰不适应的创新主体，才能高效利用现有的创新资源。在这个过程中，创新环境也会重新调整，以适应新的区域创新体系。随着上游区域创新能力三大要素的改善，区域创新主体的灵活性得以增强，区域创新体系开始重新焕发活力，创新产出的边际收益开始回升，创新成果和创新效率逐步提高。尽管区域创新体系的衰落是顺应生命周期演化规律的发展方向，但衰落的结果并不一定是消亡，一些根本性的创新会在衰退/再生期产生，在发掘新的发展方向后，及时调整创新网络对区域创新体系的发展和成长十分重要。

衰退/再生期的标志在于区域创新体系约束加强，以致丧失创新活力、"搭便车"等行为盛行，使区域主体从事创新的动机消失。这些问题的出现，不仅使创新体系的互动性减弱，而且导致体系内部的创新停滞，创新效率和创新成长显著下降。这种行为来源于区域创新体系与当前外部环境的不协调。因此，想要从根本上避免区域创新体系进入衰退期，使区域创新体系具有持续竞争的优势，应重视创新网络的主导作用，以使创新资源能够重新有效分配，积蓄创新效率以及创新成长，以激励区域整体创新能力的快速恢复。

基于上述分析可以发现，区域创新体系的六类创新能力要素处于持续的动态变化中，在生命周期不同阶段具有不同的特点和主导能力。

（二）区域创新体系生命周期创新能力要素演化的理论模型构建

通过分析区域创新体系生命周期各阶段特征发现，区域创新能力要素在生命周期各阶段的影响作用是不同的。我们把在区域创新体系生命周期某一阶段中影响较大的区域创新能力要素称为主导能力要素，影响较小的区域创新能力要素称为辅助能力要素，如表 4-1 所示，其中用"＋"表示主导能力要素，用"－"表示辅助能力要素。

表 4-1　　　　　　区域创新体系生命周期阶段能力要素演化

	初生期	成长期	成熟期	衰退/再生期
创新环境	+	-	-	-
创新资源	+	-	-	-
创新网络	-	-	-	+

续表

	初生期	成长期	成熟期	衰退/再生期
创新成果	−	−	+	−
创新效率	−	+	+	−
创新成长	+	+	−	−
区域创新体系竞争优势	维持基本生存	短期优势	长期优势	持续优势

根据以上分析，在逻辑上推导出区域创新能力要素与区域创新体系生命周期动态适配关系，从而得到区域创新体系生命周期创新能力要素演化的理论模型，如图 4-1 所示。

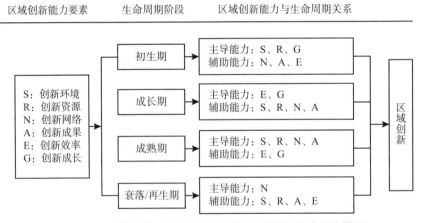

图 4-1 区域创新体系生命周期创新能力要素演化的理论模型

根据以上分析，该理论模型中含有以下五个假设。

H1：创新能力影响区域创新。

H2：初生期，区域创新体系需要重点培育创新环境、创新资源和创新成长，同时要兼顾创新效率、创新网络和创新成果。

H3：成长期，区域创新体系需要重点培养创新效率和创新成长，同时要兼顾创新网络、创新资源、创新环境和创新成果。

H4：成熟期，区域创新体系需要重点培养创新效率和创新成果，同时要兼顾创新环境、创新网络、创新资源和创新成长。

H5：衰退/再生期，区域创新体系需要重点培养创新网络，同时还要兼顾创新效率、创新成长、创新资源、创新成果和创新环境。

二、研究设计

（一）数据来源

为了实证检验区域创新能力要素与区域创新体系生命周期的适配关系，本研究采用问卷调查的方法收集数据，设计线上调查问卷《关于区域创新体系生命周期创新能力要素演化的调查问卷》（如附录 3 所示）。在调研内容方面，本问卷共分为三部分，第一部分是对区域创新能力要素的基本介绍，向被调查者介绍了区域创新能力六个要素及其基本内涵。第二部分是为了解被调查者对区域创新体系生命周期阶段的理解和认知水平，要求被调查者根据自己的经验，对区域创新体系四个生命周期阶段中的创新能力要素的重要性进行排序，其中最重要的创新能力要素得分为 1，次重要得分为 2，其余依次得分为 3、4、5，最不重要的创新能力要素得分为 6（在问卷涉及生命周期的四个阶段中，六大创新能力要素的排列顺序是随机排列）。第三部分是基础情况调查，目的是收集被调查者的性别、年龄、学历和身份信息。

本次线上调查共收回问卷 121 份，其中有效问卷 104 份，问卷有效率为 86.0%。被调查人群的描述性统计特征如表 4-2 所示。可以看到，整体受访者男女比例接近，女性稍多，占比为 52.9%。年龄 35 岁以下者 84 人，占比 80.8%。本次调研还收集了身份信息，其中在读学生 65 人，占比 62.5%，教师和科研人员共 21 人，占比 20.2%，从事其他工作的被调查者占比 14.4%，有 2.9% 的受访者为无职业人群。学历主要集中于大学专科以上，本科和专科学历共 54 人，硕士研究生 19 人，博士研究生及以上为 28 人，占比分别为 51.9%、18.3% 和 26.9%。

表 4 - 2   受访者身份统计

	统计项	频率（人）	分布比例（%）
性别	男性	49	47.1
	女性	55	52.9
年龄	35 岁以下	84	80.8
	36~45 岁	12	11.5
	46 岁以上	8	7.7
身份	在读学生	65	62.5
	教师和科研人员	21	20.2
	公务员	4	3.8
	其他行业从业人员	11	10.6
	无职业者	3	2.9
学历构成	专科以下	3	2.9
	本科和专科	54	51.9
	硕士研究生	19	18.3
	博士研究生	28	26.9

（二）研究方法

运用方差分析法，验证区域创新体系生命周期创新能力要素演化的理论模型。方差分析方法是一种常用于确定因素重要性的检验方法，其原理是通过分析实验组和对照组的方差，根据总体均值是否相等来判断特定的因素对因变量是否具有显著影响。对区域创新体系生命周期不同阶段各个创新能力要素重要性的均值差异进行检验，判断是否存在显著差异。根据检验结果，修正区域创新能力与区域创新体系生命周期的动态适配关系。

方差分析的原假设（H_0）为不同组之间的平均数差异，该差异不是由实验条件所决定的，即各水平下观测变量总体的方差无显著差异。备择假设（H_1）则为各水平下观测变量总体的方差有显著差异。具体步骤如下。

第一步，计算总体差异的方差：

$$SST = \sum (y_{ki} - \bar{y})^2 \tag{4-1}$$

其中，y_{ki} 表示第 k 个实验组个体 i 的观测值。$\bar{y}$ 表示全部样本的观测值的均值。因此，SST 可以表示样本总体的方差。

第二步，计算不同实验组之间差异的方差：

$$SSG = \sum \left[(\bar{y}_k - \bar{y})^2 \times n \right] \tag{4-2}$$

其中 $\bar{y}_k$ 表示各个实验组的观测值的均值。SSG 可以表示由实验条件引起的样本差异。再次计算 SSE = SST − SSG。SSE 表示不可由实验条件解释的样本总体差异部分。

第三步，计算 F 统计量：

$$F = \frac{MSG}{MSE} = \frac{SSG/df_G}{SSE/df_E} = \frac{SSG/(K-1)}{SSE/(N-K)} \tag{4-3}$$

其中 K 为实验组的组数，$df_G = K - 1$，为 SSG 的自由度。N 为总体的样本数，$df_E = N - K$ 为 SSE 的自由度。因此，F 统计量服从 $F(K-1, N-K)$ 分布。从而可以计算对应 p 值来决定是否接受原假设。

三、实证分析

（一）数据统计分析

对问卷最终数据进行处理，以区域创新体系生命周期四个阶段为分类变量，区域创新能力的六个要素为因变量进行方差分析，通过表43的单因素方差分析结果可以发现，在5%的水平下，方差分析所得的全部 F 值均远大于1，因此拒绝原假设（H_0），表示区域创新体系生命周期的变化对区域创新能力要素有着显著的影响。通过比较表4-3中每项创新能力要素在四个阶段的重要性可以发现，创新环境、创新资源、创新成长在初生期的作用高于其他阶段，创新效率和创新成长在成长期的作用高于其他阶段，创新成果在成熟期的作用高于其他阶段，创新网络在衰退/再生期的作用高于其他阶段。

表4-3　　　　　　　　　生命周期对区域创新能力要素的影响

	初生期	成长期	成熟期	衰退/再生期	F 值	Sig.（单位）
创新环境	4.13	3.16	3.76	4.12	9.230	0.00
创新资源	3.82	2.48	3.76	3.58	22.834	0.00
创新网络	3.31	3.31	3.75	4.69	25.189	0.00
创新效率	2.81	5.15	2.84	3.34	60.092	0.00
创新成长	3.87	5.07	2.92	3.21	58.694	0.00
创新成果	3.06	1.83	3.97	2.07	46.053	0.00

针对区域创新体系生命周期的各阶段，对区域创新能力进行配对样本 T 检验。在初生期，通过表4-4配对样本 T 检验的结果可以看出，在5%的水平下，创新环境与除创新资源和创新成长以外的其他能力要素存在显著差异，即创新环境的重要性显著高于除创新资源和创新成长以外的其他能力要素。同理，创新资源重要性也显著高于除创新成长和创新环境以外的其他能力要素。因此可以认为，在初生期起主导作用的是创新环境、创新资源和创新成长。

表4-4　　　　　　　　　初生期创新能力要素比较

初生期能力要素	T	Sig.（双尾）
创新环境 - 创新资源	1.574	0.118
创新环境 - 创新网络	3.624	0.000
创新环境 - 创新效率	5.316	0.000
创新环境 - 创新成长	1.201	0.232

初生期能力要素	T	Sig.（双尾）
创新环境 – 创新成果	3.492	0.001
创新资源 – 创新网络	2.716	0.008
创新资源 – 创新效率	4.030	0.000
创新资源 – 创新成长	– 0.237	0.813
创新资源 – 创新成果	2.811	0.006
创新成长 – 创新网络	2.815	0.006
创新成长 – 创新效率	5.493	0.000
创新成长 – 创新成果	3.374	0.001

在成长期，通过表4 – 5配对样本T检验结果可以看出，在5%的水平下，创新效率、创新成长与其他能力要素之间存在显著性的差异。因此可以认为，在成长期起主导作用的是创新效率和创新成长要素。

表4 – 5　　　　　　　　　成长期创新能力要素比较

成长期能力要素	T	Sig.（双尾）
创新效率 – 创新环境	11.227	0.000
创新效率 – 创新资源	16.148	0.000
创新效率 – 创新成长	0.467	0.641
创新效率 – 创新网络	11.216	0.000
创新效率 – 创新成果	16.965	0.000
创新成长 – 创新环境	13.828	0.000
创新成长 – 创新资源	20.657	0.000
创新成长 – 创新网络	11.532	0.000
创新成长 – 创新成果	21.046	0.000

在成熟期，从表4 – 6可以看出，在5%的置信水平下，创新环境、创新资源、创新网络、创新成果均与创新效率和创新成长两种能力要素存在显著

差异。因此可以认为，在生命周期的成熟期起主导作用的是创新环境、创新资源、创新网络和创新成果。

表4-6　　　　　　　　　　成熟期创新能力要素比较

成熟期能力要素	T	Sig.（双尾）
创新环境－创新资源	0.000	1.000
创新环境－创新网络	0.034	0.973
创新环境－创新效率	3.284	0.001
创新环境－创新成长	3.222	0.002
创新坏境－创新成果	−0.832	0.407
创新资源－创新网络	0.035	0.972
创新资源－创新效率	3.745	0.000
创新资源－创新成长	3.591	0.000
创新资源－创新成果	−0.927	0.356
创新网络－创新效率	3.562	0.001
创新网络－创新成长	4.090	0.000
创新网络－创新成果	−1.012	0.314
创新成果－创新效率	5.167	0.000
创新成果－创新成长	4.887	0.000

在衰退/再生期，通过配对样本 T 检验可以看出（见表4-7），在5%的水平下，创新网络与其他能力要素存在显著差异。因此可以认为，在生命周期的衰退/再生期，起主导作用的能力是创新网络要素。

表4-7　　　　　　　　　衰退/再生期创新能力要素比较

衰退/再生期能力要素	T	Sig.（双尾）
创新网络－创新环境	2.864	0.005
创新网络－创新资源	6.184	0.000
创新网络－创新效率	6.429	0.000

续表

衰退/再生期能力要素	T	Sig.（双尾）
创新网络 – 创新成长	6.827	0.000
创新网络 – 创新成果	13.655	0.000

（二）演化路径分析

根据以上配对样本 T 检验分析结果，可以对第一节中提出的假设进行验证。

假设 H1 得到验证，通过实证分析可以发现区域创新体系的构成能力要素确实影响区域创新。

假设 H2 得到验证，创新资源、创新环境和创新成长是初生期的主导能力。

假设 H3 得到验证，创新效率和创新成长是成长期的主导能力。

假设 H4 未得到验证，创新成果为成熟期主导能力之一，但创新效率并不是成熟期的主导能力。

假设 H5 得到验证，创新网络是衰退/再生期主导能力。

可以发现区域创新体系各阶段主导能力与预测的不完全相同，实际的区域创新能力组合与生命周期动态适配关系如图 4 - 2 所示。

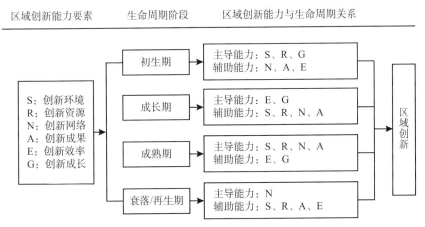

图 4 - 2　区域创新体系构成能力要素与生命周期实际动态适配关系

通过配对样本 T 检验的结果和实证分析，最终得到区域创新体系生命周期各阶段的主导能力和能力要素的重要性排序。初生期起主导作用的是创新环境（S）、创新资源（R）和创新成长（G），该阶段六种能力要素对区域创新体系的影响从大到小依次为 SRGNAE；成长期起主导作用的为创新效率（E）和创新成长（G），该阶段六种能力要素对区域创新体系影响排序依次为EGSRNA；成熟期起主导作用的是创新环境（S）、创新资源（R）、创新网络（N）和创新成果（A），该阶段六种能力要素对区域创新体系影响排序依次为SRNAEG；区域创新体系生命周期最后一个阶段衰退/再生期则是以创新网络（N）为主导，六种能力要素对区域创新体系的影响排序依次为 NSRAEG。

通过以上分析最终得到区域创新体系生命周期创新能力要素演化动态路径为：SRGNAE（初生期）—EGSRNA（成长期）—SRNAEG（成熟期）—NSRAEG（衰退/再生期），如图 4 - 3 所示。

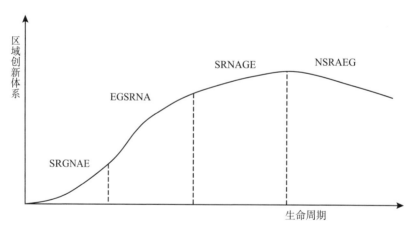

图 4 - 3 区域创新体系创新能力演化路径

1. 初生期

实证研究的结果表明，在初生期的区域创新能力组合中，最重要的是创新资源、创新环境和创新成长要素。区域创新体系实现可持续发展，不能忽视创新效率、创新网络和创新成果。这是因为创新资源是区域创新体系发展的核心内容，区域创新体系要实现可持续发展，就必须获取一定的创新资源并投入创新活动中，因此需要重点发展创新资源，以保证区域创新体系的可持续发展。这一时期的区域创新体系还没有完全成型，要想进一步吸引创新资源、产出创新成果并形成稳定的区域创新体系，就需要创新成长相配合。同时，在初生期还需要重点培育创新环境，通过推动区域内的基础设施环境、调控区域政策环境、融资环境等，为区域创新发展制造良好的"创新氛围"，这样才能吸引更多的人才和资金进入区域，促进区域创新体系的发展。当然，区域创新体系也要在初生期逐步提高创新效率，形成创新网络，逐渐产出成果，由此才能生存和发展。

2. 成长期

进入成长期之后，对区域创新体系而言，最重要的能力要素为创新效率，次重要的为创新成长，并相应增强创新资源、创新环境、创新网络和创新成果。区域创新体系想要在成长期拥有可持续发展能力，就需要重点提升创新效率，促使区域内对创新成果"量"的追求，转为对创新产出"质"的追求，提高区域内创新资源的投入产出比。由于已经形成了相对稳定的创新体系，创新资源不断涌入，创新成果大量涌现，区域创新体系想要提升区域创新能力的可持续性与创新潜力，就需要发展创新成长，保证创新资源和创新成果持续增加。

3. 成熟期

区域创新体系经过高速发展后，开始进入成熟期。这一阶段最重要的是创新成果和创新环境，次重要是创新网络和创新资源，再次是创新效率、创新成长。创新研发的不断发展需要大量的资金，伴随着区域创新网络的稳定、区域内高竞争环境的形成、产业集群的快速发展，区域创新体系开始不断地吸引人力资源和资金资源的进入，优质资源的进入进一步推动区域内创新主体的发展。此时，创新体系已经完全成熟，创新活力不如前两个时期，创新主体对创新的重视程度下降。想要改变这一状况，关键在于区域创新环境，着力改善环境条件才能够形成维持区域创新能力的支撑，降低创新成本，快速激发创新主体的创新活力。同时，这一阶段已经形成了稳定的、不易改变的创新网络，在这种情况下，区域创新体系要想获得长期的竞争力，就要培养创新网络，使稳定的创新网络中不断产生新的增长点，以此形成长期竞争力。当然，区域创新体系短期竞争力的形成，只有源源不断地产出高技术的创新成果，才能从本质上支持和推动创新体系的发展。

4. 衰退期

进入衰退/再生期后，根据实证分析的结果，区域创新体系应先重点改善创新网络，当然也要兼顾区域创新资源、创新环境、创新效率、创新成长和创新成果这五个方面。由于区域创新体系内部已经形成了长期稳定的创新网络，创新主体之间只在创新网络内部进行信息交流合作，信息圈相对封闭，极大地削弱了创新主体到创新体系外部寻求新信息的动力，创新体系的技术革新和市场创新被钝化。区域想在这一阶段开启一个新的周期，就需要根本性的创新，需要提升创新网络，打破原有的固定创新网络，形成新的具有创造力的创新网络，使区域内的知识和资源在网络内重新流动，只有这样，区域创新体系才有再生的可能。

5. 区域创新能力指标体系与生命周期

通过以上分析可以发现，区域的创新能力与创新体系生命周期之间存在密切的对应关系。随着区域生命周期的发展，创新能力形成了清晰的演化路径：SRGANE—EGNSRA—SRNAGE—NSREGA，这四种能力组合分别对应区域创新体系生命周期的四个阶段。SRGANE 使区域创新体系在初生期能生存下来，EGNSRA 则帮助区域创新体系在竞争激烈的成长期获得短期竞争力，SRNAGE 组合为区域创新体系在成熟期获得长期竞争能力提供支持，NSREGA 推动区域创新体系在衰退期开始新一轮生命周期。区域创新体系的发展与创新能力组合关系密切相关。区域创新体系在发展过程中，区域适时地推动创新体系按照创新能力与生命周期各阶段的关系进行演化和发展，对区域创新体系的可持续发展是十分必要的。

6. 区域创新体系生命周期阶段特征

综合前述区域创新体系的发展过程，区域创新体系中的创新环境、创新资源、创新网络、创新效率、创新成长和创新成果六种能力将作为不同阶段的特征因素，其变化体现了生命周期在各阶段的不同特征。区域创新体系是一个复杂的系统，以上六个方面任何一个组成部分出现问题，都会影响整个系统的发展，任何一个部分的发展遇到瓶颈，均会使区域创新体系的创新能力受到影响，进而影响创新体系的整体发展。

根据区域创新体系自身的发展特点，本研究将各类创新能力的评价等级设为五级，分别为："非常低""比较低""一般""比较高"和"非常高"。参考现有文献对区域创新体系各阶段特征的分析结果，将各阶段的特征模式进行概括，如表4－8所示。

表4－8　　　　　　　　区域创新体系生命周期各阶段的特征分析

生命周期阶段	创新环境	创新资源	创新成果	创新网络	创新效率	创新成长
初生期	一般	一般	低	低	低	一般
成长期	一般	一般	一般	一般	高	高
成熟期	高	高	高	高	一般	一般
衰退/再生期	低	一般	低	高	一般	低

四、本章小结

上一章构建的区域创新能力六维要素模型和区域创新能力指标体系，使得对区域创新能力的动态分析成为可能。而区域创新能力的动态变化包括量变和质变两种。具体来讲，质变表现为各类要素能力的改善，这意味着区域创新能力存在不同的发展阶段，每一阶段的主导能力要素也有所差异，这也是本研究关注的重点。结合已有文献，本章构建了区域创新体系的生命周期能力演化模型，将生命周期划分为初生期、成长期、成熟期和衰退/再生期四个阶段，并对每个阶段的发展特征和主导能力要素进行了分析，从理论层面提出了区域创新体系生命周期四个阶段主导能力要素的假设。

为验证相关的假设，本章通过线上问卷调研获取样本数据，使用方差分析法对生命周期各阶段的主导能力进行实证检验。实证结果表明，仅有关于成熟期主导能力要素的假设不成立，其余假设均成立。结合理论和实证结果，本研究总结了区域创新能力要素与生命周期的动态适配关系，依据区域创新体系的发展目标不同，每个阶段的主导能力有所不同，且各指标随着阶段的变化总体呈现出"从低到一般再到高，从高到一般再到低"的变化趋势。

第五章

区域创新体系生命周期识别研究

通过前两章的分析，本研究构建了区域创新能力要素指标体系，确定了区域创新能力要素与创新体系生命周期各阶段的适配关系。在此基础上，本章从区域创新能力要素底层指标入手，基于专家打分法与熵值法的组合评价法确定区域创新能力要素的指标权重，构建基于扰动属性判定模型的区域创新体系生命周期识别模型，进而依据区域创新能力要素生命周期演化规律对中国区域创新系统生命周期阶段进行识别，为完善区域创新体系发展政策提供依据。

一、区域创新体系生命周期识别的
研究回顾与方法选择

（一）指标赋权方法研究回顾与选择

利用区域创新能力要素对某一区域创新体系所处生命周期阶段进行判定，首先需要对区域创新能力指标体系进行评价。从上文来看，区域创新能力指标体系的一级指标可以看作是多种判断标准构成的集合，即评价集。二级指标可以看作是多种因素组成的集合，即因素集。由于二级指标对一级指标的影响是不一致的，所以因素的权重分配是一个模糊向量。为测算某一区域创新体系所处生命周期阶段，首先需要对该指标体系中的区域创新能力要素指标进行赋权。根据以往的研究，多指标综合评价法主要包含主观评价法、客观评价法和组合评价法三类。

1. 主观评价法

专家打分法是一种定性描述和定量描述相结合的方法。与其他方法相比，专家打分法的优点十分明显。第一，专家打分法简便易行，有较大的选择空间，只要选定好具体的评价指标，制定好评价标准就可以实施。第二，结果较为直观，直接通过简单的计算就可以得到最终的评分结果。第三，包容性强，无论是否能够进行定量分析的评价指标，都可以纳入评价指标体系中。当然，该方法的缺点也是十分显著的。首先，该评价方法的最终结果主要是依据专家的主观判断得出的，专家在打分时主要依靠自己的学识和经验，虽然有一定的科学性，但是主观性较强，不同专家的打分可能偏差较大。其次，专家打分法还可能出现人情网、权威主义、马太效应等，如果在调查中不采取严格的回避制度，可能出现评价结果出现较大偏差。因此，专家评价方法通常用于存在诸多不确定因素、采用其他方法难以进行定量分析的问题。例如李兴光等（2018）运用专家打分法，对京津冀区域创新能力的动态变化进行了系统分析，罗守贵和甄峰运用德尔菲法确定了指标的相对权重，从而对江苏省部分地市创新能力进行了定量评价和分析。结合上文所构建的区域创新能力指标体系，显然本研究不适合单独采用专家打分法。

2. 客观评价法

学者们常采用的客观评价法主要包括因子分析、主成分分析、CRITIC 法（Criteria Importance Through Intercrieria Correlation）、变异系数法和熵权法等。因子分析和主成分分析是其中最为常见的两个指标赋权方法，均是通过计算相关矩阵，确定各个指标的相关性来得出权重。其中，因子分析直接从指标群中筛选出共性的因子，从而将多个评价指标归为少数几个指标，进一步利用各个指标的方差贡献率确定权重。而主成分分析则利用正交变换，将已有的指标体系进一步转变为一组不相关的变量，并计算原指标的因子载荷系数，在此基础上依据载荷系数的大小确定权重。

目前，因子分析的应用范围十分广泛，例如王学军和陈武（2010）采用因子分析法对中国的区域创新能力进行了评估，还有其他一些学者也应用因子分析法进行了区域创新能力评价的相关研究。主成分分析方法在确定权重等方面的应用也较多。例如，王晓光和方娅（2009）通过使用主成分分析对东北三省的区域创新能力做出了综合评价，郭丽娟等（2011）利用主成分分析法对中国 30 个地区的创新能力进行了评价，马艳艳等（2018）建立了区域创新能力评价体系，并利用主成分分析法对其进行了动态评价。

上述两种赋权方法主要依据指标间的相关性，而 CRITIC 法则利用不同指标的对比强度和冲突大小所蕴含的信息，对指标进行赋权。对比强度是用来描述同一指标不同方案之间取值的大小，而指标之间的冲突大小是由指标间的相关程度决定的，最终权重的确定则由对比强度和指标之间的冲突这两个方面综合决定。通常对比强度越大、冲突性越大，说明指标所反映的信息较多，因而权重较高。CRITIC 法是目前较为流行的一种客观赋权方法，已被很多学者应用于区域工业科技创新能力、国家高新区科技创新能力等方面的研究。

变异系数法和熵权法也利用了指标所蕴含的信息量来对指标进行赋权，不同的是这两种方法不需要对不同的指标进行比较，而是依据指标本身的某些统计特征来确定指标的重要性。变异系数法是直接利用各项指标所包含的信息，通过计算得到指标的权重。此方法主要根据是：在评价指标体系中，指标取值差异越大的指标，越能反映被评价单位的差距，提供的信息量也越大，权重应当较高，反之则较小。作为一种客观赋权方法，已有学者将其应用于区域创新能力指标评价的研究。如曹慧等（2016）运用变异系数对中国省级绿色创新能力进行了评价，葛世帅等（2021）基于变异系数法进行了长三角城市群绿色创新能力评价的研究。此外，还有一些学者将其与其他赋权方法相结合，进行了区域创新能力评价研究。

熵权法对指标蕴含信息量的评估主要取决于"熵"这个概念，根据信息论的观点，信息可以理解为系统有序程度的一种测度，而"熵"则相反，是用来度量系统无序程度的方法。因此，如果信息熵较小的指标，变异程度大，反映了待评价对象的更多信息，权重应当较高，反之，则权重应当较小。熵权法是目前较为主流的一种方法，在实际应用中较为广泛，诸多学者都运用熵权法进行评价，如柏明国等（2021）采用全局熵值法对城市绿色创新能力进行了评价，潘雄锋等（2015）采用了全局熵值法对京津冀地区、东北地区、长三角地区和南部沿海地区的区域创新能力进行了动态评价与分析，郭新茹、陈天宇（2019）采用熵值赋权法比较分析了中国31个省级区域的创新能力水平等。

上述这些方法其原理各有不同，因此对数据的要求不同、优缺点也各有不同。表5-1列出了这些方法的特点，可以看到因子分析和主成分分析赋权主要依据相关性，要求指标和评价值存在线性关系，因而仅适用于简单的评价，CRITIC法则对评价对象的理论性和数据质量均要求较高，而标准离差分析法和熵权法均依据指标变异度来赋权，但是标准离差法适用性较差，而熵权法适用范围更广。

表 5-1 各类客观赋权法的特点

分类	优点	缺点
因子分析	可解释性强；保留全部样本信息	使用普通最小二乘法估计，对样本质量要求高；要求评价值和指标存在线性关系
主成分分析	可以有效降低数据量	符号正负性意义不明；可解释性差；要求评价值和指标存在线性关系
CRITIC法	计算简单，操作容易；对样本数量没有要求	无法反映数据的独立性；对数据的定量性要求较高；要求影响因素较少，且量纲数量级等较为统一
标准离差法	计算简单，操作容易；消除量纲的影响	对样本质量要求较高；主要应用于具有统一标准的事物评价
熵权法	计算简单，操作容易；适应性较高；可与其他赋权方法结合；消除量纲的影响	对样本依赖度高；仅用于计算权重

3. 组合评价法

主观评价法和客观评价法各有不同，主观评价法的包容性，可以修正样本误差，而客观评价法相对主观权重有更高的可信度和精确度。许多学者将主观评级法和客观评价法相结合，形成了组合评价法。目前的组合评价方法是较为丰富的，如学者们将模糊综合评价法与层次分析法组合，构建模糊组合评价法对金融风险、项目风险管理、公共政策评价、低碳化评价指标等多方面进行了测算和评价。还有学者将层次分析法与熵权法相结合，将层次分析法与灰色分析法的思想相融合，结合 CRITIC 法等来处理各种问题。显而易见，组合评价法较单个评价方法得到的结果更准确。

综上所述，本章将采用组合评价法对区域创新能力指标体系与生命周期进行识别。具体而言，主观评价法主要采用最为常见的专家打分法，而客观评价法需要根据数据的属性来选择。因子分析和主成分分析要求评价值和指标的线性关系，仅适用于简单的指标赋权。评价法要求各个指标之间存在相关性，以此来确定权重。本研究的各项指标之间相对独立，相关性较差，且指标受众多量纲，评价单位和数量级各不相同的因素影响，因而也不宜采用 CRITIC 法。变异系数法适用性较差，少有学者单独使用。因此，本研究选择基于专家打分法和客观熵权法的组合评价法。

（二）区域创新体系生命周期识别模型研究回顾与方法选择

1. 研究回顾

基于生命周期理论对区域创新体系各阶段划分的定性描述不能够指导区域创新体系发展，因此部分学者开始对区域创新体系生命周期的模型识别研究，以进一步分析并验证区域创新体系的发展演变规律。从已有相关研究来看，使用的识别方法经历了以数据包络分析和因子分析等方法，到逐步判别分析方法，再到基于不确定性理论的分析方法的演变过程。

早期学者尝试使用数据包络分析法和因子分析等方法来对区域创新系统进行评价，从而对生命周期进行识别。例如，官建成、何颖（2005）使用数据包络分析法，依据技术、经济以及综合有效性三个维度将区域创新体系划分了3个梯度。由于多维度指标不易比较，逐步判别分析法开始应用于生命周期识别中。王亮使用逐步判别分析法对区域创新体系的生命周期进行识别，依据分值的变化来判断创新体系的发展情况。张冀新、胡维丽（2018）运用均衡逐步判别分析法对区域创新发展阶段进行识别。区域创新体系各个阶段的界限是模糊的，多指标评价存在复杂性和不确定性，因此，近些年来，学者们开始使用灰色系统理论、模糊理论等基于不确定性理论的方法进行识别。王利军等（2016）采用灰色关联分析法对我国各省区域创新系统的发展阶段进行识别，使用判别分析法进行了检验。程杰等（2014）使用相对模糊偏差矩阵来对城市创新体系的发展阶段进行评估。

因子分析法和数据包络分析法虽然可以较快地得出结论，但是其理论基础本身与定性问题定量评价的目标并不十分契合，还存在对异常值敏感、无法与理论结合等问题。因此，在区域创新体系生命周期识别中逐步被学者们所抛弃。就逐步判别分析方法而言，一个重要而无法解决的问题是多个指标之间的联系受到广泛因素的影响，具体数值的微小变化可能导致相反的结论，因此也逐渐退出了区域创新体系生命周期识别主流方法。目前，学术界主流的方法是基于不确定性理论的方法，但是其背后的理论基础各有缺点，例如灰色关联分析法虽然具备减少由于信息不对称带来的损失、工作量较少等优点，但其需要主观确定指标的最优值，不适用于部分区域创新评价部分指标，模糊数学法则存在主观定义隶属度函数的问题。

2. 扰动属性模型的优点

区域创新系统生命周期的各个阶段并没有明确的界限，是一个量变引起质变的过程，因此对于各个阶段的识别属于综合评价问题，单个指标并不能反应区域创新系统发展的全部，而多个指标之间的联系受到广泛因素的影响，具体数值难以比较。而传统的数学理论法难以处理此类定性描述的定量化比较问题。因此，较为契合的一种方法是扰动属性法。相比于确定的数值，扰动属性方法使用长度变化不大的区间，即属性区间，来刻画某元素的特性，从而给予指标与所反映的属性之间关系的更大的灵活度。相比于传统的因子分析法、数据包络分析法和逐步分析法，作为不确定性理论的一种，扰动属性模型的理论基础是对象不确定性现象的评估，可以更为合理地对定性问题进行评估。而同属于不确定性理论的灰色分析方法，主要聚焦于信息不对称问题，即存在部分信息缺失的情况下进行评价，模糊数学是基于认知的不确定，要求隶属度已知。相比之下，扰动属性模型针对边界不清晰等问题，不要求隶属度已知且对数据要求小，可以使用扰动属性函数、扰动隶属函数等对扰动属性进行测度、评估和识别。

扰动属性方法已经在各个领域有着广泛的应用，例如人工智能的模式识别，聚类分析和质量评价等。在模式识别方面也有广泛的应用，例如胡雯和陈强（2018）使用扰动属性模型对产学研协调创新生命周期进行识别，突破了已有研究定性描述的局限。王宾等（2017）基于熵权扰动属性模型对中国的城镇化阶段进行了识别。本研究将使用扰动属性模型来对区域创新系统的生命周期进行识别。

二、区域创新体系生命周期识别模型的构建

（一）区域创新体系生命周期识别步骤

1. 区域创新体系生命周期阶段识别流程

创新环境、创新资源、创新网络、创新效率、创新成长和创新成果等能

力要素的综合变化，反映了区域创新体系生命周期的交替与变化。由于每个能力要素（一级指标）包含多个二级指标，因此，首先从区域创新能力底层指标入手，利用客观数据识别区域创新体系生命周期所处阶段，构建基于扰动属性判定模型的区域创新体系生命周期判定模型，具体的操作流程如图 5-1 所示。首先，运用扰动属性模型计算二级指标属性测度值，之后运用熵权法和专家打分法计算指标权重，得到一级指标属性测度值。在此基础上，测算一级指标与区域创新体系生命周期之间的关系，得到区域创新体系生命周期各阶段一级指标的属性测度值，以识别区域所处的生命周期阶段。该方法将主观因素与客观因素相结合，可信性较高。

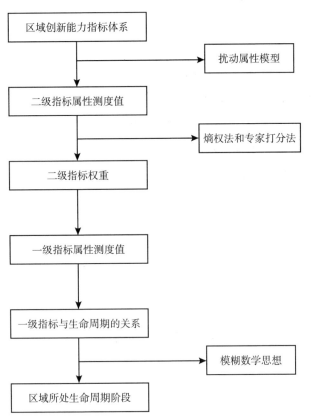

图 5-1 基于扰动属性模型的区域创新体系生命周期识别模型流程图

2. 识别模型设计

由于组合评价法计算得到的区域创新能力各构成要素分值之间不具备可比性，因此本研究运用柯西型隶属函数划分区间将计算得到的区域创新能力要素评价分值转化为重要性程度的语言描述，进而引入扰动属性模型对区域创新体系生命周期识别模型进行构建。

扰动属性模型源自隶属函数的扰动问题，隶属函数是用于判断某一元素是否属于某一个模糊子集的函数，主要是通过计算隶属度进行判断。如：假定某一隶属函数为 $U \rightarrow [0, 1]$，$u \rightarrow \mu_A$，若 $\mu_A(u) = 0.8$，则称元素 u 以 0.8 的程度隶属于模糊子集 A。在实际应用中，用一个长度变化不大的区间来进行判断更符合现实，由此引入了扰动属性模型。

扰动属性模型对元素属性的判别主要依据的是相对长度不大的区间，而非具体的数值，其对属性的测度更为合理，并且可以有效度量其属性分期问题。在本研究中，即通过扰动属性模型计算二级指标的属性测度 μ_{xji}。在对该模型的指标权重进行设定时，本研究综合采用专家打分法和客观熵权法，将主观因素与客观因素相结合，结果的可信性较高。在此基础上，测算一级指标与生命周期之间的关系，得到生命周期各阶段一级指标的属性测度值，以识别区域所处的生命周期阶段。模型的具体计算步骤如下。

（1）确定各单项指标等级划分值

X 为某一个评价对象的空间，其中，x 为 X 中的各元素，本研究中即为上文提取出来的区域创新体系的 6 个构成要素，记为 $U = \{\mu_{x1}, \mu_{x2}, \mu_{x3}, \mu_{x4}, \mu_{x5}, \mu_{x6}\}$，而变量 m 是表征 x 的具体指标，其对应的属性值为 I_i（$i = 1, 2, \cdots, m$）。设 B 是语言变量集合，记为 $B = \{b_1, \cdots, b_5\}$，即 B = ｛非常低，比较低，一般，比较高，非常高｝，表示评价等级。对每个指标的测量值通常会以数字的形式出现，通过对每个指标的测量得到单指标等级划分矩阵（如下表 5 - 2 所示），设定 x 的第 j 个指标 I_j 的测量值为 t_j。某类指标被划分为不同等级范围，因而可以根据实际数据判定该指标所处的等级。

表5-2 单指标等级划分表

等级	一级指标			
	I_1	I_2	...	I_m
$b1$	$a_{10} - a_{11}$	$a_{20} - a_{21}$	...	$a_{m0} - a_{m1}$
$b2$	$a_{11} - a_{12}$	$a_{21} - a_{22}$	...	$a_{m1} - a_{m2}$
$b3$	$a_{12} - a_{13}$	$a_{22} - a_{23}$	...	$a_{m2} - a_{m3}$
$b4$	$a_{13} - a_{14}$	$a_{23} - a_{24}$	...	$a_{m3} - a_{m4}$
$b5$	$a_{14} - a_{15}$	$a_{24} - a_{25}$	...	$a_{m4} - a_{m5}$

(2) 构造二级指标属性测度函数，计算二级指标属性测度

由上文可知，所有的二级指标均为正指标，因此，针对元素 x 的第 j 个指标的测量 t_j 而言，可以由步骤（1）得到的单指标等级划分矩阵对二级指标的属性测度函数进行确定，记为 $\mu_{xji(t)}$。

当 $a_{j0} < a_{j1} < \cdots < a_{jk}(j = 1, 2, \cdots, m; i = 1, 2, \cdots k-1)$ 时，属性测度函数 $\mu_{xji(t)}$ 可表示为：

$$\mu_{xj1}(t) = \begin{cases} 1 & a_{j1} + d_{j1} < t \\ \dfrac{|t - a_{j1} + d_{j1}|}{2d_{j1}} & a_{j1} - d_{j1} \leq t \leq a_{j1} + d_{j1} \\ 0 & t < a_{j1} - d_{j1} \end{cases} \qquad (5-1)$$

$$\mu_{xji}(t) = \begin{cases} 0 & t > a_{ji-1} + d_{ji-1} \\ \dfrac{|t - a_{ji-1} - d_{ji-1}|}{2d_{ji-1}} & a_{ji-1} - d_{ji-1} \leq t \leq a_{ji-1} + d_{ji-1} \\ 1 & a_{ji} + d_{ji} < t < a_{ji-1} - d_{ji-1} \\ \dfrac{|t - a_{ji} + d_{ji}|}{2d_{ji}} & a_{ji} - d_{ji} \leq t \leq a_{ji} + d_{ji} \\ 0 & t < a_{ji} - d_{ji} \end{cases} \qquad (5-2)$$

$$\mu_{xjk}(t) = \begin{cases} 1 & t < a_{jk-1} - d_{jk-1} \\ \dfrac{|t - a_{jk-1} - d_{jk-1}|}{2d_{jk-1}} & a_{jk-1} - d_{jk-1} \leqslant t \leqslant a_{jk-1} + d_{jk-1} \\ 0 & a_{jk-1} + d_{jk-1} < t \end{cases} \qquad (5-3)$$

其中，$b_{ji} = \dfrac{a_{ji-1} + a_{ji}}{2}$，$i = 1, 2, \cdots, k$；$d_{ji} = min(|b_{ji} - a_{ji}|, |b_{ji+1} - a_{ji}|)$，$i = 1, 2, \cdots, k-1$

将原始数据代入步骤（2）中各计算公式，即可得到每个二级指标的属性测度 μ_{xji}。

（3）计算各指标对应权重，得到一级指标综合属性测度

利用熵权法和专家打分法相结合的方法对二级指标进行赋权。第 j 个指标 I_j 的最终权重 h_j 可以表示为：

$$h_j = \frac{\varphi_j \times w_j}{\sum\limits_{j=1}^{m} \varphi_j \times w_j} \qquad (5-4)$$

在得到各二级指标的权重 h_j 后，对应二级指标的属性测度 μ_{xji} 就可以得到 X 中各元素 x 的属性测度为：

$$\mu_{xi} = \sum\limits_{j=1}^{m} h_j \times \mu_{xji} \qquad (5-5)$$

（4）得到各一级指标在生命周期各阶段的属性测度

为对区域创新体系的生命周期进行识别，设 V 为区域创新体系生命周期四个阶段的集合，即 V = $\{v_1, \cdots, v_4\}$ = $\{$初生期，成长期，成熟期，衰退/再生期$\}$。为了进行最后的判定，需要将各一级指标的综合属性测度值与生命周期的四个阶段联系起来，即求 U 到 V 的关系。通过步骤（3），可得到 U 到 B 的关系矩阵 S 为：

$$S = \begin{cases} \mu_{x11} & \mu_{x21} & \mu_{x31} & \mu_{x41} & \mu_{x51} & \mu_{x61} \\ \mu_{x12} & \mu_{x22} & \mu_{x32} & \mu_{x42} & \mu_{x52} & \mu_{x62} \\ \mu_{x13} & \mu_{x23} & \mu_{x33} & \mu_{x43} & \mu_{x53} & \mu_{x63} \\ \mu_{x14} & \mu_{x24} & \mu_{x34} & \mu_{x44} & \mu_{x54} & \mu_{x64} \\ \mu_{x15} & \mu_{x25} & \mu_{x35} & \mu_{x45} & \mu_{x55} & \mu_{x65} \end{cases} \qquad (5-6)$$

再通过各语言变量与生命周期之间的关系，即 U 到 V 的关系，可得到 U 到 V 的关系矩阵 R。

$$R = \begin{Bmatrix} r_{x11} & r_{x21} & r_{x31} & r_{x41} & r_{x51} & r_{x61} \\ r_{x12} & r_{x22} & r_{x32} & r_{x42} & r_{x52} & r_{x62} \\ r_{x13} & r_{x23} & r_{x33} & r_{x43} & r_{x53} & r_{x63} \\ r_{x14} & r_{x24} & r_{x34} & r_{x44} & r_{x54} & r_{x64} \end{Bmatrix} \qquad (5-7)$$

（5）对生命周期进行识别

对步骤（4）得到的各一级指标在生命周期各阶段的属性测度进行加总求和，进而得到各阶段的综合属性测度值矩阵 Z。以阶段 1 为例，评价对象属于第一阶段的决策值 Z_1，可表示为 $Z_1 = r_{x11} + r_{x21} + r_{x31} + r_{x41} + r_{x51} + r_{x61}$。

经过上述五个步骤，可得到各指标的属性测度，然后选择各阶段综合属性测度 Z，其最大值所处的阶段即为区域创新体系生命周期的最终阶段。

（二）指标权重的确定步骤

根据以上思路，考虑到本研究构建的指标体系的特点，即二级指标体系的计算数据初始值为定量数据，一级指标与区域创新体系生命周期之间的关系是定性描述，本研究基于专家打分法与熵值法的组合评价法，对区域创新能力指标进行赋权，使计算结果更为科学准确。具体的计算步骤如下。

1. 主观权重的计算

通过向有关专家发放调查问卷，见附录 4（第 158～159 页），并根据调查结果进行计算，得到各二级指标的权重，记为 φ_i。

2. 客观权重的计算

熵值法不需要对数据的分布形态进行任何假定，计算相对简单。经过计算，本问题中各指标之间的相关程度不高，不宜做主成分分析或因子分析。因此本文采用熵值法进行赋权。

（1）标准化数据

假定待标准化的数据集 X_i，则标准化后的数据为 Y_{ij}。

$$Y_{ij} = \frac{x_{ij} - \min(x_i)}{\max(x_i) - \min x_i} \qquad (5-8)$$

（2）求信息熵

根据信息熵计算公式计算数据的信息熵，

$$e_i = -\frac{1}{\ln n} \sum_{i=1}^{n} p_{ij} \ln p_{ij} \qquad (5-9)$$

其中 e_i 即为信息熵，$p_{ij} = \dfrac{Y_{ij}}{\sum\limits_{i=1}^{n} Y_{ij}}$。若 $p_{ij} = 0$，则 $\lim\limits_{p_{ij} \to 0} p_{ij} \ln p_{ij} = 0$。

（3）计算权重

根据信息熵的计算结果确定最终的各指标的权重 w_i，

$$w_i = \frac{1 - e_i}{k - \sum\limits_{i=1}^{k} e_i} (i = 1, 2, \cdots, k) \qquad (5-10)$$

3. 组合权重的计算

本书采用主观赋权与客观赋权相结合的形式确定区域创新能力指标要素的权重。参考王宾（2017）的研究，若假定第 i 个指标对应的权重为 h_i，则该指标的最终组合权重可以表示如下：

$$h_i = \frac{\varphi_i \times w_i}{\sum\limits_{i=1}^{k} \varphi_i \times w_i} (i = 1, 2, \cdots, k) \qquad (5-11)$$

其中，φ_i 代表指标的主观权重，w_i 代表客观权重。

三、中国区域创新体系生命周期阶段的识别

根据以上构建的区域创新体系生命周期识别模型，本研究将对我国省级

行政区层面的区域创新体系生命周期进行识别。由于港澳台地区相关指标数据获取困难，本研究主要以中国31个省级行政区（除港、澳、台地区）的区域创新体系为研究对象。根据前面的指标设置，通过查阅《中国区域创新能力报告》《中国统计年鉴》以及《中国科技统计年鉴》收集有关数据，进行整理之后得到2013～2018年31个省级行政区区域创新体系生命周期识别的原始数据。

（一）模型运算

1. 确定各单项指标等级划分值

根据专家意见，结合现有数据的特征，对所有二级指标等级划分，结果如表5-3所示。

表5-3　　　　　　　　　　　二级指标等级划分表

等级	创新环境			
	I1	I2	I3	I4
低	9 000～25 000	50～600	5～10	0～1
一般	25 000～70 000	600～3 000	10～25	1～3
高	70 000～14 000	3 000～8 800	25～60	3～35

等级	创新资源			
	I5	I6	I7	I8
低	600～50 000	11 000～1 200 000	100～30 000	20 000～1 000 000
一般	50 000～55 000	12 000～10 000 000	30 000～400 000	1 000 000～8 000 000
高	55 000～1 024 000	10 000 000～27 100 000	400 000～810 000	8 000 000～211 100 000

等级	创新网络					
	I9	I10	I11	I12	I13	I14
低	19 000～1 000 000	0～0.1	5～1 600	10～1 200	0～50	40～280
一般	1 000 000～4 000 000	0.1～0.2	1 600～4 000	1 200～3 000	50～200	280～2 500
高	4 000 000～22 500 000	0.2～0.33	4 000～12 300	3 000～12 000	200～1 100	2 500～19 000

续表

等级	创新效率			
	I15	I16	I17	I18
低	300 ~ 6 000	0 ~ 10	50 ~ 300	0 ~ 270
一般	6 000 ~ 11 000	10 ~ 15	300 ~ 400	270 ~ 400
高	11 000 ~ 33 400	15 ~ 45	400 ~ 1 500	400 ~ 2 000

等级	创新成长					
	I19	I20	I21	I22	I23	I24
低	− 15 ~ 0	− 30 ~ 0	− 15 ~ 0	− 60 ~ 0	− 80 ~ 0	− 60 ~ 0
一般	0 ~ 12	0 ~ 20	0 ~ 20	0 ~ 30	0 ~ 13	0 ~ 20
高	12 ~ 145	20 ~ 100	20 ~ 132	30 ~ 100	13 ~ 230	20 ~ 230

等级	创新成果			
	I25	I26	I27	I28
低	0 ~ 3 000	0 ~ 1 000	0 ~ 700	0 ~ 250 000
一般	3 000 ~ 40 000	1 000 ~ 25 000	700 ~ 10 000	250 000 ~ 10 000 000
高	40 000 ~ 110 000	25 000 ~ 54 000	10 000 ~ 40 000	10 000 000 ~ 50 000 000

2. 二级指标属性测度函数和测度值

基于等级划分表构建属性测度函数，进而通过计算得到二级指标每一年的属性测度值。

3. 二级指标权重与一级指标属性测度值

（1）二级指标权重计算

基于调研问卷的数据，使用专家打分法计算得到二级指标的主观权重，使用熵权法计算的组合评价法计算数据的信息熵，并根据信息熵的计算结果确定指标的客观权重，参考王宾（2017）的研究，依据公式（5-11）计算得到二级指标的最终权重。主观权重、客观权重和最终组合权重的计算结果如表5-4所示。

表 5 - 4 二级指标权重

一级指标	编号	客观权重	主观权重	最终权重
创新环境	I_1	11.21	1.380	5.06
	I_2	22.91	2.758	13.27
	I_3	12.95	1.424	6.36
	I_4	52.93	1.705	75.32
创新资源	I_5	21.99	0.135	17.97
	I_6	24.28	0.282	22.51
	I_7	26.33	0.190	26.04
	I_8	27.4	0.178	33.48
创新网络	I_9	17.79	4.570	10.74
	I_{10}	24.22	5.026	25.89
	I_{11}	22.47	5.035	19.31
	I_{12}	35.52	5.456	44.07
	I_{13}	20.37	3.917	15.08
	I_{14}	4.83	4.474	10.17
创新效率	I_{15}	11.29	1.879	10.28
	I_{16}	11.99	1.972	23.50
	I_{17}	20.16	1.372	16.72
	I_{18}	31.38	2.036	24.24
创新成长	I_{19}	37.86	3.743	45.40
	I_{20}	17.63	2.851	14.19
	I_{21}	22.81	3.285	23.39
	I_{22}	21.7	3.354	17.01
	I_{23}	33.62	4.389	45.42
	I_{24}	15.14	3.196	11.13
创新成果	I_{25}	27.78	0.884	32.50
	I_{26}	6.84	0.744	3.47
	I_{27}	8.02	1.561	3.11
	I_{28}	8.61	1.210	4.37

（2）一级指标属性测度

基于表5-4和二级指标属性测度值，可以计算到一级指标的属性测度值。

（3）区域生命周期识别

基于模糊思想，结合表4-8区域创新能力和生命周期之间的关系，可以得到各省份在生命周期不同阶段的具体得分，结果如表5-5所示。

表5-5　　　　　　　　2009~2018年各区域初生期到衰退/再生期评分

初生期										
区域	2009年	2010年	2011年	2012年	2013年	2014年	2015年	2016年	2017年	2018年
安徽	2.23	1.81	1.40	1.88	1.32	1.65	1.76	1.67	1.60	1.39
北京	1.07	0.80	0.93	1.13	0.98	1.05	0.92	1.02	0.96	1.00
福建	3.18	2.36	2.08	2.00	1.84	1.91	1.55	1.78	1.72	1.89
甘肃	3.65	3.55	3.37	3.76	3.31	3.49	3.34	3.40	2.72	2.60
广东	1.04	1.16	1.36	1.69	1.50	1.47	1.52	1.60	1.59	1.24
广西	3.59	3.49	3.55	3.64	3.00	3.34	2.85	2.66	2.10	2.16
贵州	4.76	4.32	3.78	4.16	4.12	4.41	3.75	3.67	3.23	2.81
海南	3.65	3.55	3.27	3.07	3.48	3.68	4.06	4.04	3.80	3.56
河北	3.16	2.65	1.83	2.22	2.67	2.35	1.55	2.05	2.06	1.45
河南	2.40	2.12	1.61	2.25	2.05	2.29	1.87	1.61	1.89	1.55
黑龙江	3.22	2.88	2.64	2.81	2.39	2.54	1.93	2.14	1.80	1.84
湖北	1.69	1.76	1.54	1.64	1.55	1.63	1.37	1.49	1.35	1.57
湖南	1.67	1.58	1.60	1.70	1.88	1.80	1.89	1.88	1.54	1.29
吉林	3.12	3.09	2.86	2.54	2.73	3.05	2.22	1.95	1.59	1.61
江苏	1.71	1.45	0.99	1.03	0.73	1.00	0.90	1.25	1.39	0.98
江西	3.89	3.71	2.90	3.19	2.47	2.68	2.44	2.42	2.14	1.77
辽宁	1.84	1.29	1.00	1.43	1.66	1.54	1.19	1.24	1.41	1.68
内蒙古	4.61	4.10	4.04	3.43	3.25	3.83	3.74	3.61	2.87	2.95
宁夏	4.24	5.03	4.89	5.29	4.61	5.05	4.07	4.35	3.91	3.83

续表

初生期

区域	2009 年	2010 年	2011 年	2012 年	2013 年	2014 年	2015 年	2016 年	2017 年	2018 年
青海	4.26	4.25	4.20	4.49	4.67	5.07	3.26	3.37	4.01	3.52
山东	1.83	1.47	1.67	1.84	1.67	1.75	1.40	1.24	1.34	0.99
山西	3.96	4.12	3.65	3.46	2.71	2.43	2.32	2.01	2.03	1.91
陕西	2.84	2.33	2.06	2.10	1.80	1.79	1.93	1.52	1.68	1.14
上海	0.71	1.07	0.87	1.29	1.18	1.64	1.34	1.42	1.24	1.39
四川	1.88	1.58	1.18	1.74	1.34	1.71	1.83	1.64	1.51	1.16
天津	1.88	1.39	0.54	0.76	0.88	1.12	0.91	1.73	0.84	0.83
新疆	4.53	4.13	3.98	3.98	3.93	4.21	3.64	4.13	4.03	3.79
云南	4.59	4.58	4.57	4.32	3.78	3.81	4.01	4.53	3.58	3.31
浙江	3.92	3.91	3.48	3.16	2.80	3.40	2.46	2.38	2.18	2.59
重庆	1.48	1.18	1.14	1.47	1.52	1.60	1.60	1.89	1.80	1.35

成长期

区域	2009 年	2010 年	2011 年	2012 年	2013 年	2014 年	2015 年	2016 年	2017 年	2018 年
安徽	3.09	3.48	3.59	4.13	4.24	4.28	4.43	4.30	4.26	3.82
北京	2.94	3.10	2.79	2.53	2.60	2.44	2.32	2.19	2.16	2.23
福建	2.97	4.14	4.11	4.28	3.92	3.77	3.42	3.46	3.66	3.62
甘肃	1.34	1.50	1.64	2.35	2.50	2.51	2.87	2.76	3.08	2.70
广东	3.71	3.92	3.61	3.05	2.53	2.42	1.90	2.05	1.38	1.71
广西	1.76	1.87	2.06	1.90	2.38	2.93	2.71	3.42	3.31	3.60
贵州	1.07	1.12	0.90	0.87	1.83	2.14	2.49	3.02	3.03	3.43
海南	1.74	2.30	1.97	2.26	1.89	2.07	1.92	0.99	0.58	0.99
河北	2.51	3.04	3.19	3.60	3.53	3.93	3.59	3.69	3.80	3.24
河南	2.91	3.21	3.38	3.18	3.49	3.57	3.49	3.66	3.79	3.13
黑龙江	2.71	3.45	3.60	3.73	3.36	3.83	3.63	3.95	3.94	3.61
湖北	3.88	4.43	4.66	4.38	4.53	4.39	4.20	3.75	3.75	3.65
湖南	3.64	4.04	4.20	4.08	4.51	4.35	4.72	3.98	4.16	3.92
吉林	2.86	2.97	3.18	3.40	3.01	3.70	3.48	3.51	3.78	3.55

续表

成长期

区域	2009 年	2010 年	2011 年	2012 年	2013 年	2014 年	2015 年	2016 年	2017 年	2018 年
江苏	3.71	3.68	2.97	2.43	2.03	1.80	1.53	1.39	1.42	1.03
江西	2.11	2.28	2.28	2.95	2.95	3.52	3.96	4.10	4.32	4.05
辽宁	3.99	4.30	3.88	3.80	4.36	3.99	4.47	4.50	4.47	4.35
内蒙古	1.79	2.53	1.91	2.98	2.59	1.89	1.97	2.06	2.11	2.10
宁夏	0.72	0.90	1.31	1.19	0.88	1.10	1.73	1.63	0.95	1.70
青海	0.76	0.87	0.96	1.12	0.89	1.26	1.56	1.59	1.42	1.47
山东	3.62	4.48	3.87	3.47	3.25	2.80	2.74	2.30	1.96	1.45
山西	1.34	1.64	1.98	2.69	3.13	2.98	3.69	3.24	3.39	4.05
陕西	2.58	3.22	3.67	4.34	4.52	4.25	4.55	4.41	4.05	3.62
上海	4.11	4.32	4.41	3.61	3.82	3.50	3.45	3.23	2.92	2.72
四川	3.23	3.45	3.37	4.33	4.16	4.53	4.63	4.29	3.82	3.74
天津	3.71	4.13	3.90	3.92	3.64	3.39	3.52	3.19	2.93	3.46
新疆	0.40	0.49	1.08	1.17	0.73	0.91	0.99	1.07	1.10	1.80
云南	1.25	1.78	1.36	1.21	1.52	1.59	2.48	1.76	1.27	1.83
浙江	0.93	1.49	1.52	2.86	2.62	3.20	3.35	3.24	3.53	3.64
重庆	3.65	4.02	3.80	3.95	3.69	3.44	3.19	2.79	2.33	1.68

成熟期

区域	2009 年	2010 年	2011 年	2012 年	2013 年	2014 年	2015 年	2016 年	2017 年	2018 年
安徽	0.50	0.48	0.30	0.33	0.23	0.73	1.42	1.41	1.40	1.68
北京	3.30	3.43	3.74	4.28	4.27	4.41	4.43	4.60	4.54	4.59
福建	0.86	0.29	0.30	0.62	0.97	1.13	1.97	1.38	1.61	1.72
甘肃	1.23	1.28	1.22	1.19	1.15	1.29	1.59	1.09	0.98	0.96
广东	1.38	1.30	1.91	2.69	2.77	3.17	3.79	3.85	4.36	4.20
广西	0.30	0.34	0.51	0.70	0.73	1.39	0.97	1.15	1.12	1.53
贵州	0.55	0.70	1.08	1.05	0.46	1.05	0.97	0.71	1.08	0.80
海南	0.27	0.49	0.73	0.43	0.70	0.68	0.93	1.38	1.16	1.19
河北	0.12	0.40	0.20	0.62	0.77	0.60	0.85	0.98	0.96	1.24

续表

成熟期

区域	2009 年	2010 年	2011 年	2012 年	2013 年	2014 年	2015 年	2016 年	2017 年	2018 年
河南	0.39	0.21	0.16	0.75	0.70	0.85	0.96	0.74	1.05	1.79
黑龙江	1.23	1.10	1.05	1.47	1.34	1.42	1.65	1.70	1.17	1.15
湖北	0.99	1.10	0.70	1.32	1.27	1.64	2.01	1.78	2.84	2.96
湖南	1.02	0.98	0.94	1.03	1.14	1.80	2.01	1.31	1.46	1.21
吉林	0.97	0.97	1.16	1.25	1.23	1.40	1.65	1.34	1.27	1.52
江苏	1.22	1.48	2.00	3.00	3.14	3.65	4.45	4.63	4.52	4.83
江西	0.15	0.50	0.49	0.80	1.20	0.74	1.18	1.02	0.68	0.58
辽宁	1.65	1.34	1.42	2.15	1.88	1.92	1.91	1.90	2.12	2.42
内蒙古	0.43	0.07	0.47	0.50	0.88	1.17	1.50	1.50	1.03	1.06
宁夏	0.24	0.59	0.49	0.63	0.54	0.61	0.76	0.49	1.08	0.89
青海	0.37	0.17	0.02	0.29	1.11	0.72	0.48	0.30	0.66	1.11
山东	1.02	0.70	1.12	1.77	2.02	2.47	2.89	3.09	3.35	3.57
山西	0.38	0.68	0.71	0.79	0.82	0.65	0.76	0.61	1.16	0.80
陕西	1.73	1.43	1.63	1.82	1.73	2.13	1.95	1.92	2.22	2.83
上海	2.21	2.39	2.16	2.99	2.81	3.25	3.31	3.69	3.83	4.00
四川	0.93	0.99	1.12	1.50	1.43	1.81	2.00	1.59	2.21	1.70
天津	1.89	1.62	1.75	1.65	1.97	2.27	2.28	1.92	2.17	2.39
新疆	0.53	0.23	0.15	0.66	0.36	0.66	0.20	0.25	0.47	0.58
云南	0.51	0.04	0.38	0.50	0.44	0.96	1.40	1.04	0.84	1.26
浙江	1.07	0.64	0.83	0.88	1.59	1.56	1.06	0.53	0.48	0.86
重庆	0.87	0.68	0.96	1.60	1.67	2.21	2.90	3.28	3.69	4.01

衰退/再生期

区域	2009 年	2010 年	2011 年	2012 年	2013 年	2014 年	2015 年	2016 年	2017 年	2018 年
安徽	1.88	2.01	2.36	1.85	2.11	1.90	1.58	1.60	1.71	1.68
北京	2.08	2.00	2.10	1.96	1.90	1.90	1.97	1.91	1.98	4.59
福建	1.81	1.53	1.66	1.37	1.44	1.48	1.80	1.99	1.83	1.72
甘肃	1.60	1.54	1.62	1.04	1.19	1.05	0.79	1.14	1.31	0.96

续表

					衰退/再生期					
区域	2009 年	2010 年	2011 年	2012 年	2013 年	2014 年	2015 年	2016 年	2017 年	2018 年
广东	2.10	1.58	1.33	0.95	1.24	1.18	1.41	1.10	1.31	4.20
广西	1.74	1.74	1.72	1.85	1.99	1.41	1.93	1.22	1.63	1.53
贵州	1.72	1.75	2.01	1.73	1.32	1.06	1.03	1.00	0.91	0.80
海南	1.71	1.67	1.98	2.01	2.05	1.90	1.81	2.16	3.01	1.19
河北	2.28	2.11	2.54	1.68	1.60	1.55	2.18	1.50	1.75	1.24
河南	2.17	2.05	2.26	1.84	1.78	1.59	2.03	2.11	1.83	1.79
黑龙江	1.18	1.10	1.45	1.23	1.73	1.42	1.38	1.33	1.69	1.15
湖北	1.83	1.58	1.72	1.65	1.55	1.63	1.96	2.14	1.81	2.96
湖南	1.68	1.77	1.85	1.86	1.50	1.29	1.11	1.86	1.83	1.21
吉林	1.16	1.23	1.12	1.25	1.37	0.85	1.50	1.64	1.74	1.52
江苏	2.05	1.88	2.32	1.90	1.87	1.81	1.60	1.34	1.53	4.83
江西	1.68	1.57	2.06	1.29	1.46	1.52	1.48	1.28	1.45	0.58
辽宁	1.71	1.94	2.61	2.16	1.61	1.92	1.82	1.84	1.85	2.42
内蒙古	1.27	0.97	1.46	0.82	0.96	1.56	1.45	1.60	1.91	1.06
宁夏	2.12	1.57	1.29	1.31	1.85	1.59	1.77	1.76	2.36	0.89
青海	2.06	1.95	2.03	1.60	1.07	1.13	2.08	1.92	1.51	1.11
山东	2.07	1.40	1.54	1.08	1.06	1.21	1.09	1.16	1.32	3.57
山西	2.22	1.77	1.89	1.54	1.33	2.08	1.52	2.11	1.71	0.80
陕西	1.20	1.30	1.53	1.26	1.43	1.31	1.36	1.56	1.84	2.83
上海	2.26	1.94	2.10	2.14	2.03	1.89	2.00	1.76	1.96	4.00
四川	1.99	2.03	2.57	1.61	1.91	1.32	1.27	1.75	1.85	1.70
天津	1.73	1.75	2.12	2.05	1.90	1.90	1.98	2.35	2.74	2.39
新疆	2.08	2.38	2.06	1.92	2.47	2.06	2.64	2.24	2.19	0.58
云南	1.37	1.38	1.71	2.01	2.23	2.06	1.25	1.48	2.45	1.26
浙江	1.88	1.93	2.22	1.05	0.83	0.57	1.22	1.52	1.67	0.86
重庆	2.24	2.14	2.27	1.62	1.56	1.43	1.13	0.96	1.16	4.01

基于表 5 - 5 的评分结果，可以得到各区域在 2009 ~ 2018 年所处生命周期阶段，结果如表 5 - 6 所示。

表 5 - 6　　　　　　　　各区域所处生命周期阶段识别结果

区域	2009 年	2010 年	2011 年	2012 年	2013 年	2014 年	2015 年	2016 年	2017 年	2018 年	阶段类型
北京	成熟期	成熟期	成熟期	成熟期	成熟期	成熟期	成熟期	成熟期	成熟期	成熟期	成熟期
山东	成长期	成长期	成长期	成长期	成长期	成长期	成长期	成长期	成长期	成熟期	成长 - 成熟期
浙江	成长期	成长期	成长期	成长期	成长期	成长期	成长期	成长期	成长期	成熟期	
上海	成长期	成长期	成长期	成长期	成长期	成长期	成熟期	成熟期	成熟期	成熟期	
广东	成长期	成长期	成长期	成长期	成熟期	成熟期	成熟期	成熟期	成熟期	成熟期	
江苏	成长期	成长期	成长期	成熟期	成熟期	成熟期	成熟期	成熟期	成熟期	成熟期	
安徽	成长期	成长期	成长期	成长期	成长期	成长期	成长期	成长期	成长期	成长期	成长期
河南	成长期	成长期	成长期	成长期	成长期	成长期	成长期	成长期	成长期	成长期	
湖北	成长期	成长期	成长期	成长期	成长期	成长期	成长期	成长期	成长期	成长期	
湖南	成长期	成长期	成长期	成长期	成长期	成长期	成长期	成长期	成长期	成长期	
辽宁	成长期	成长期	成长期	成长期	成长期	成长期	成长期	成长期	成长期	成长期	
四川	成长期	成长期	成长期	成长期	成长期	成长期	成长期	成长期	成长期	成长期	
天津	成长期	成长期	成长期	成长期	成长期	成长期	成长期	成长期	成长期	成长期	
重庆	成长期	成长期	成长期	成长期	成长期	成长期	成长期	成长期	成长期	成长期	
福建	初生期	成长期	成长期	成长期	成长期	成长期	成长期	成长期	成长期	成长期	初生 - 成长期
河北	初生期	成长期	成长期	成长期	成长期	成长期	成长期	成长期	成长期	成长期	
陕西	初生期	成长期	成长期	成长期	成长期	成长期	成长期	成长期	成长期	成长期	
黑龙江	初生期	成长期	成长期	成长期	成长期	成长期	成长期	成长期	成长期	成长期	
吉林	初生期	初生期	成长期	成长期	成长期	成长期	成长期	成长期	成长期	成长期	
江西	初生期	初生期	初生期	初生期	成长期	成长期	成长期	成长期	成长期	成长期	
山西	初生期	初生期	初生期	初生期	成长期	成长期	成长期	成长期	成长期	成长期	
云南	初生期	初生期	初生期	初生期	初生期	成长期	成长期	成长期	成长期	成长期	
广西	初生期	初生期	初生期	初生期	初生期	初生期	成长期	成长期	成长期	成长期	
甘肃	初生期	初生期	初生期	初生期	初生期	初生期	初生期	成长期	成长期	成长期	
贵州	初生期	初生期	初生期	初生期	初生期	初生期	初生期	初生期	成长期	成长期	

续表

区域	2009 年	2010 年	2011 年	2012 年	2013 年	2014 年	2015 年	2016 年	2017 年	2018 年	阶段类型
海南	初生期	初生期	初生期	初生期	初生期	初生期	初生期	初生期	初生期	初生期	
内蒙古	初生期	初生期	初生期	初生期	初生期	初生期	初生期	初生期	初生期	初生期	
宁夏	初生期	初生期	初生期	初生期	初生期	初生期	初生期	初生期	初生期	初生期	初生期
青海	初生期	初生期	初生期	初生期	初生期	初生期	初生期	初生期	初生期	初生期	
西藏	初生期	初生期	初生期	初生期	初生期	初生期	初生期	初生期	初生期	初生期	
新疆	初生期	初生期	初生期	初生期	初生期	初生期	初生期	初生期	初生期	初生期	

（二）结果分析

从表 5-6 识别结果可以看出，2009~2018 年十年间，我国 30 个省级行政区层面的区域创新体系中共有 1 个地区的创新体系一直处于成熟阶段，5 个地区的创新体系从成长期发展为成熟期，8 个地区的创新体系一直处于成长期，11 个区域创新体系从初生期发展为成长期，有 6 个区域一直处于初生期。各省域生命周期识别结果呈现出的具体特征概括如下。

1. 区域创新体系成熟期特征概括

从 2009~2018 年，仅有北京一个省份的区域发展始终处于生命周期的成熟阶段。具体来看，成熟期起主导作用的四类创新能力要素，即创新资源、创新成果、创新网络和创新效率的评分都处于较高水平。此外，北京的创新环境评分逐年提高，属于最高级别的概率可达 0.79。创新资源、创新环境和创新网络一直处于较高水平，因而创新成果评分和创新效率评分也很高。在考察的 30 个省份中，北京的创新成果处于较低水平，说明北京在这段时期创新成果的产出增长变化不大，但是整体来看，北京的区域创新能力水平处于第一梯队。上述关于区域创新能力六要素的评分和成熟期的定义基本一致，北京属于典型的成熟期区域创新体系。

2. 区域创新体系成长期到成熟期特征概括

截至 2018 年，山东、浙江、上海、广东和江苏 5 个省份的创新体系由区域发展生命周期的成长阶段演化发展到了成熟阶段。具体来看，关于创新能力各要素属性测度方面，相较于处于初生期和成长期的区域而言，上述 5 个创新体系的创新环境、创新资源、创新网络和创新成果相对更高，这正对应着创新体系在成熟期的主导能力。但是相比于北京这一始终处于成熟期的区域而言，其创新环境、创新资源、创新成果、创新效率的某个方面在早期均存在不足。例如：山东省在 2015 年之前，其创新环境评分处于第二梯队，2013 年之前，创新网络和创新资源属于第二梯队，2017 年之前，创新成果也处于第二梯队；上海、浙江、广东和江苏也在这些方面存在不足。整体来看，从成长期到成熟期，依次经历了创新资源、创新网络和创新环境的完善，进而带来了创新成果、创新效率的提高。地域分布方面，目前处于成熟期的省份均属于东部地区，这与我国东部沿海地区经济发达、中西部相对落后的区域经济发展格局相对应。总体来看，经济发展水平高的区域创新体系所处的发展阶段一般领先于经济水平相对落后的地区。

与处于其他阶段的创新体系相比，处于成熟期的创新体系拥有良好的创新环境以及资金、技术和人才等创新资源优势，创新成果转化途径便捷，转化效率高，新兴产业以及高技术产业得到了长足发展。同时，由于创新机制健全，创新知识产权受到有效保护，使得创新成果产出得到保证。如长三角地区，积极构建区域创新共同体，使得各地区各省份实现跨区域、跨领域的科技合作与交流，实现创新计划、成果转化、创业品牌联动，推动长三角创新成果产出取得了积极成效。北京丰富的科技资源与人力资源为其带来强大的知识创造能力，高新技术产业发展水平高。发达的经济为创新发展提供了良好条件，而各地多样的创新举措、强大的创新动力将带动当地经济可持续发展。广东省具有良好的创新环境，提出了多个在国内首次探索实施的重点创新举措，成为创新发展的领军省份。山东省虽处于成熟期，但与江苏、广东等科技强省相比，仍存在创新资源利用效率不高的问题，具体表现为创新资源分散、重复与低效。加快创新网络建设是山东省提高创新资源整合的关键。

3. 区域创新体系成长期特征概括

一直处于成长期的区域有安徽、河南、湖北、湖南、辽宁、四川、天津和重庆共8个省份，其中辽宁和天津属于东部地区，安徽、河南、湖北和湖南属于中部地区，四川和重庆属于西部地区，成长期的区域创新体系在地域上分布广泛。从创新要素得分来看，这些地区的创新资源、创新环境、创新网络、创新成果均属于第二梯队，长期变化不大，同时创新成长水平较高，这些特征与区域创新能力的成长期特征基本一致。

上述地区创新成果和创新环境特征因素发展的水平逐渐下降，创新效率和创新成长在区域创新中的作用逐渐凸显，在成长期占据了主导地位，创新能力突飞猛进。随着京津冀协同发展战略的深入推进与雄安新区的设立，天津市的区位优势上升，出现了新的发展机遇。辽宁作为我国的科教大省，创新资源较为丰富，创新环境发展较快，但仍存在研发投入不足、创新人才队伍配置不均衡等问题。深化体制改革、推进创新平台建设、激发创新动能，是辽宁省未来的发展方向。重庆和四川作为典型的西部省份，能维持较为稳定的创新产出，创新效率和创新成长水平较高，发展较快，但仍存在企业创新能力不强、融资困难等问题。以市场为导向，重视企业在创新主体中的作用，是重庆市和四川省发展的方向。安徽、河南、湖南和湖北这些中部地区均拥有丰富的创新资源，推动了高新技术产业的形成、发展，促进了创新成果产出。

4. 区域创新体系由初生期发展到成长期的特征概括

创新体系从初生期发展到成长期的省域分布也比较广泛，其中河北省位于东部地区，福建省位于东南地区、广西位于南部地区，黑龙江省、吉林省位于东北地区，江西省和山西省位于中部地区，陕西省、云南省、甘肃省和贵州省位于西部地区。创新能力各特征因素指标属性测度方面，各省域创新体系的创新环境、创新资源、创新成长这三类在初生期起主导作用的创新能力要素的发展水平较高，然而创新效率水平则发展不一致，且相对较低，这也反映了各省域由初生期迈向成长期的过程中，起主导作用的创新能力要素发展变化的特点。与京津相比，同属于东部地区的河北省份，其创新资源投入与产出效率均较低，创新网络发展水平也较低，产业结构不合理，新兴产业亟待发展。随着"互联网＋"产业的快速发展，河北创新能力发展水平已见新成效，集聚创新要素，深挖创新潜力，提高创新资源投入与创新效率发展，不断缩小与先进省市，特别是缩小与北京、天津两地的差距，是其未来的发展重点。东南地区的另一省域福建具有较强的创新驱动发展能力，但仍与成熟期的省域间存在较大差距，区域创新体系仍存在创新资源投入少，创新环境建设滞后，创新成果转化机制不完善等问题，未来应不断探索开放创新的有效模式，促进创新成果的转化，提高创新效率。总体而言，高新技术产业已成为推动成长期各省域创新发展的主导力量，各地区应积极培育创新发展能力，努力实现创新体系向成熟期的转化。以黑龙江、吉林、江西、山西为代表的地区，拥有位居全国前列的公共创新资源，而丰富的创新资源使其具有高技术产业竞争优势，进而促进其区域经济发展；云南、陕西、甘肃、贵州等地区科技创新意识薄弱，创新资源投入不足，制约了创新成果的产出以及科技成果的转化，未来应不断增强科技创新观念，加大创新资源投入，有效促进科技成果的转化。

5. 区域创新体系初生期特征概括

创新体系一直处于初生期的区域有 6 个，只有海南省属于南部沿海地区，内蒙古、宁夏、青海、西藏和新疆均为内陆地区，这些省份创新体系初生期的得分明显高于其他阶段的得分。创新能力各要素指标属性测度方面，初生期各省域创新体系的创新成长水平显著，具有较高的发展潜力，创新资源和创新环境得分也相对高于创新成果和创新网络要素，这符合初生期区域创新体系能力要素的特点。创新体系处于初生期的各省域多来自西部地区，与其他地区相比，经济欠发达的西部地区创新起点更低，创新基础薄弱，创新环境更复杂,因此也具有更高的创新成长潜力。当前,西部地区的创新成长方式主要集中在高科技产业向传统产业的逐渐渗透和国内外相关创新资源的优势互补方面,积极培育核心创新能力,探索创新驱动发展方式,促进科技成果向生产力加速转化,已成为初生期西部省域创新体系发展的重要方向。属于南部地区的海南省,高新技术产业发展起步晚,在人才、资金等创新资源共享方面较为欠缺,且创新网络服务机制不健全,科技创新成果转化能力不足,创新能力有待提升。未来应以促进科技创新成果产业化为目标,不断完善创新基础设施建设,健全科技资源共享机制,推动创新网络搭建与发展。总体而言,提高创新观念,探索创新发展模式,培育创新能力,加速创新成果转化,是初生期各省域创新体系的重要发展目标。

四、本章小结

本章构建了区域创新体系生命周期的识别模型,对 2013～2018 年中国省级行政区域创新体系生命周期进行识别。本研究对已有的各类区域创新体系生命周期模型识别的方法进行了回顾,并对所采用的方法的优缺点进行分析。通过综合扰动属性模型、熵权法、专家打分法等方法构建了从底层区域创新能力指标体系到区域创新体系所处生命周期阶段的一整套主客观相结合的分析方法。应用层面,本章根据数据特征对区域创新能力各类二级指标的属性高低进行了确定,并构建了属性测度函数。结合熵权法和专家打分法确定了二级指标的权重,计算了各省份、各年度的一级指标属性测度值。基于上述结果,使用模糊数学方法对各地区的区域创新体系所处生命周期阶段进行识别。整体来看,尽管各省份所处的阶段均不断地向前发展,但整体上呈现出区域创新体系从东向西发展程度不断下降的变化趋势。

第六章

创新能力组合模型与生命
周期适配关系研究

通过前几章的分析，构建了区域创新能力要素动态演化模型，解释了创新环境、创新资源、创新成果、创新网络、创新效率、创新成长要素随着区域创新体系生命周期不同阶段的演化路径及其影响作用的变化情况。基于区域创新体系生命周期演化路径，结合识别结果，发现我国 31 个省份所处的生命周期阶段与其地理位置有直接关系。具体表现为："东部沿海地区—中部地区—西部地区"所处的生命周期阶段对应着"成熟期—成长期—初生期"的变化。为了进一步验证区域创新体系能力要素模型与生命周期的适配关系，本章采用案例研究法筛选出不同阶段的典型省份和处于区域创新体系生命周期发展过程中的典型省份进行分析。

在由成长期向成熟期发展的省份中，江苏省因其创新基础雄厚且内部发展均衡，是区域创新系统成功演化的一个典型案例，一定程度上可以代表未来区域创新系统发展的方向。因此，本研究选择江苏省作为"成长期—成熟期"的代表性区域创新系统演化进行分析。在处于成长期的省份中，本研究选择重庆市进行分析。重庆市作为我国中西部唯一的直辖市，创新系统一直处于内陆省份的前列，是最有可能演化至成熟期的一个典型内陆省份，对其进行深入讨论，有助于为内陆省份的创新系统发展提供借鉴。对于由初生期演化至成长期的省份而言，山西省作为中国典型的资源大省，具有内陆省份的典型特征。另一方面，相比于南方省份，山西省的政策和行政效率较低，因此从资源省份、内陆省份和北方省份的角度来看，对其创新演化规律进行分析，具有更为广泛的借鉴意义。最后，本研究选择海南省作为处于区域创新系统初生期的典型省份。海南省兼具政策支持力度大、沿海贸易便利等特点，但区域创新系统发展较为缓慢。因此，对海南省进一步分析，有助于为如何正确引导区域创新系统发展提供建议。本章按照从初生期到成长期再到成熟期的区域创新体系演化顺序，对上述四个典型案例展开分析。

一、初生期案例研究

（一）海南省基本情况

不论是经济发展水平，还是创新体系发展水平，海南省均在全国排名靠后。整体来看，海南省产业结构较低、发展缓慢，为了改变这种状况，中共海南省委、省政府出台了《中共海南省委、海南省人民政府贯彻〈中共中央、国务院关于加强技术创新，发展高科技，实现产业化的决定〉的实施意见》《关于引进优秀人才和鼓励科技人才充分发挥作用的若干规定》《海南省促进高新技术产业发展的若干规定》《关于加快科技创新的实施意见》等一系列科技政策、法规，科技发展的政策和法制环境有了明显改善。然而通过实证发现，2009～2018 年，海南省创新体系仍旧处于初生期，从各项能力的具体评分来看，其创新成长相对较高，创新环境和创新资源能力则相对较低。

结合创新能力演化模型的分析结果，海南省应该先培养创新资源和创新环境，推动创新成长提升到较高水平，以稳固海南省创新体系。长期来看，海南省除了减少创新资源的限制以外，还需要进一步推动创新效率提升，实现从初生期向成长期迈进，逐步建立特色产业领域的短期优势。

（二）海南省区域创新能力要素演化分析

1. 创新资源演化分析

（1）创新资源现状分析

海南省的创新人才严重缺乏，研发人员数一直排在全国倒数第三位。从图 6-1 中可以看到，截至 2018 年，海南省研发人员数没有超过 14 000 人。从规模以上企业的研发人员数中可以看到，在这 10 年，海南省创新人才数稳定在较低水平。从以上数据可以看到，海南省在创新人才上表现出两个典型特点：创新人才总量低；引进的创新人才流失严重。其原因主要有两点：第一，当前的人才政策不完善，人才引进政策不够具体。与发展较好的江苏省相比，海南省的人才政策引进措施没有针对性，《海南省 2018 年度高层次人才需求目录》和《海南省党政机关急需紧缺人才招录公告》等政策都只有一个大概的方向和要求，没有明确引进科技人才的具体标准和措施。人才政策不完善还表现在人才激励政策和保障措施上。海南省科技人才的物质激励和精神激励政策不足，引进人才的生活质量无法保证，导致人才流失问题严重。第二，本土的人才培养能力差。教育问题也是制约海南省创新人才发展的关键。省内只有一所 211 大学——海南大学，导致外出读书人员较多，而人才返乡比例较低，人才引进难、留住人才更难，导致海南省缺乏教育师资力量，形成恶性循环，海南本土教育的瓶颈也直接导致本土创新人才培养困难。

与创新人力资源投入的情况相似，海南省的创新财力投入也较低。从图 6-2 可以看到，2018 年之前，海南省的研发经费内部支出一直低于 25 亿元，且在 2015 年后出现下降趋势。规模以上企业的研发经费内部支出一直停留在较低水平，增长缓慢。海南省中小微企业内部经费支出数量对当地政策的依赖性过高，无法实现真正的提升，导致海南省创新体系的整体创新财力投入出现了虚假提升。从图 6-3 研发经费投入情况可以看出，海南省的创新强度远低于全国平均水平。

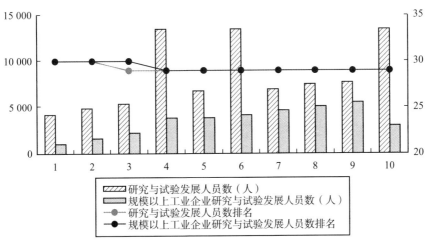

图 6-1　2009~2018 年海南省研发人员数

资料来源:《海南统计年鉴》。

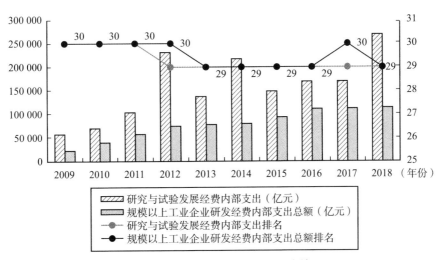

图 6-2　海南省研发经费内部支出情况

资料来源:《中国统计年鉴》。

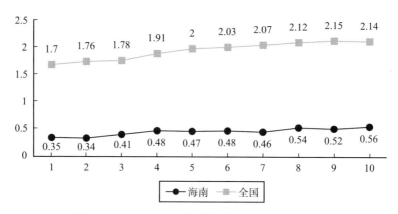

图 6 - 3　2009 ~ 2018 年海南省研发经费投入情况

资料来源:《海南统计年鉴》。

从海南省以往的发展来看，其创新能力较弱的主要原因如下：第一，对基础研发不够重视。从海南省的经费投入来看，2016 年之后能维持在 0.5 以上，说明在创新经费投入上确实做出了一定的努力。但具体来看，2015 ~ 2019 年，海南的科研投入在基础研究方面分别是 0.97 亿元、5.32 亿元、7.06 亿元、5.51 亿元、5.71 亿元。也就是说，2018 年和 2019 年，海南省在基础研究上的投入不增反降，在 2015 年之前投入较少。对企业而言，基础研究投入高而成果转化效应不高，因此很难得到重视。但对海南省的创新体系发展而言，基础研究是推动创新体系发展、实现经济腾飞的重要基础。第二，对创新主体的研发不够重视。在对高新技术企业进行扶持的过程中，海南省的扶持重点仍旧集中在科技产业化方向、科技成果产业化后产生的收益、税收减免等政策方面，在需要政府进行更多支持的创新研发环节，海南省的财税优惠政策非常少。这导致企业不愿意投入更多的资金到创新研发环节，从而降低海南省创新体系财力投入，不利于创新体系发展。第三，创新优惠政策覆盖面窄。2018 年，海南省的统计数据表明，政府颁布的企业研发费用加计扣除税收优惠政策、高新技术企业所得税减免等政策，在开展创新活动的企业中，分别有 72.1% 、70.7% 的企业家认为政策效果不明显或未享受。而在高新技术企业所得税减免政策方面，不具备享受该政策的资格的比例为

76.8%，不知道此政策的比例为11.0%。可见，政策覆盖面不够广，且政策制定存在不合理性。

（2）创新资源发展方向

围绕省经济发展需要制定创新人才政策。海南省应围绕当前的自由贸易试验区、中国特色自由贸易港建设和其作为国际旅游岛的优势，引进创新人才。从海南省的发展中可以看到，该省当前仍有较大的人才缺口。于欣（2019）认为，海南省政府应从政策上明确人才引进的具体标准，可以参考江苏省人才引进政策，按照自主创业和企业引进为标准，对引进的人才进行更具体的划分，尤其关注当前企业人才引进问题，并对国内外高层次人才引进，制定不同的方案和标准。在人才激励和保障措施上，海南省政府既要加大对人才的物质激励和精神激励，同时要引导企业形成完善的人才鼓励政策，保证人才引进之后能留住人才，让创新人才真正发挥作用。

依托自由贸易试验区和自由贸易港建设培养本土创新人才。海南省作为国际旅游海岛，在新产业、新业态、新商业模式上的发展和重视方面明显低于处于成长期和成熟期的创新体系。而自由贸易试验区和中国特色自由贸易港建设，为海南省改变当前产业格局，催生新的支柱产业提供了可能。因此，海南省应改革当前人才教育培育机制，培养应用型创新人才，加速投入到海南省自由贸易港和自由贸易试验区的建设中，寻求良性循环。

优化创新财力资源配置。当前对创新主体的创新财力资源投入，在保证应用环节创新投入的基础上，重点关注投入成本高、对整个创新体系发展起重要作用的研发环节，有效提高创新主体进行基础研发的积极性。在当前经费投入总量和经费投入强度无法立即提升的情况下，应先保证重点发展产业和支柱产业的研发经费投入。

增大创新经费投入量和覆盖面积。一方面，政府要通过鼓励措施增加创新资源的投入；另一方面，政府应结合当前企业发展现状，合理制定扶持政策，完善当前扶持政策实施细则，确保政策落地。

2. 创新环境演化分析

（1）创新环境现状

创新基础设施现状。海南省的互联网发展起步较晚，2009 年电话普及率仅 58.1%，互联网普及率仅 28.6%，此后每年虽然有所增加，但 2015 年之前，整体增速缓慢，仅处于全国平均水平，如图 6-4 所示。2015 年之后，随着智能手机的不断普及和海南省颁布的《海南省人民政府关于加快发展互联网产业的若干意见》，海南省开始大力进行信息基础设施建设，加大财政和进入扶持力度，要求全省主要城镇的互联网指标赶上全国先进水平，第四代移动通信网络全面覆盖城市和农村，并明确了牵头单位、责任单位。海南省的信息基础设施建设增速加快，2016 年底，海南宽带网速、固定宽带家庭普及率、移动宽带用户普及率等均超过全国平均水平，电话普及率和互联网普及率在 2018 年分别达到了 108.83% 和 78.4%。总体来看，海南省的创新基础设施建设较为落后，但是基本上达到了全国平均水平。

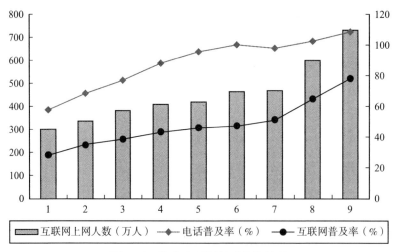

图 6-4　海南省创新基础设施情况

资料来源：《海南统计年鉴》。

经济环境发展现状。海南省的人均国内生产总值总体处于较低水平，但增长速度较快。如图 6-5 所示，人均国内生产总值从 2009 年的 18 860 元增长至 2018 年的 50 263 元，在 10 年内增长 2 倍多。得益于沿海的地理位置和良好的自然环境，海南旅游业发展迅速，带来了经济的快速增长。但是由于海南产业结构层次低，工业不发达，整体处于全国平均水平以下，仅仅领先于西部偏远地区。2018 年之后，党中央决定支持海南全岛建设自由贸易试验区，将海南作为我国面向东南亚地区的对外开放门户，给予税收优惠等政策支持。中央全面深化改革委员会还通过了《海南省创新驱动发展战略实施方案》等创新支持战略，着力推动海南省产业向高端服务业升级。整体来看，海南省的市场环境得到了较大幅度的改善。

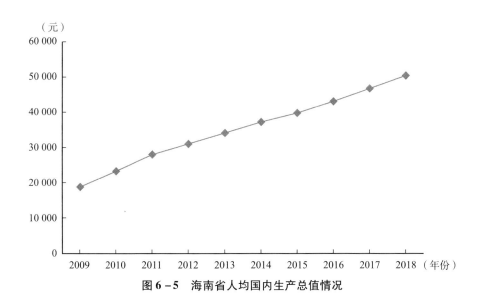

图 6-5 海南省人均国内生产总值情况

金融环境发展现状。2018 年之前，海南省的金融环境一致处于全国较低水平，产业发展较为落后，对外资缺少吸引力，自身"造血"能力不足。企业融资难、融资慢、融资贵等问题十分突出。科技创新型企业需要大量的资金支持，创新风险高，市场转化风险高等问题比一般民营企业更为严重，因此难以获得金融市场的资金支持。总体来看，海南省的金融对科技创新的扶持力度微弱。2018 年之后，随着海南自贸区的设立，海南省明确了自身产业发展方向，获得了较多财政支持，创新融资环境有所改善。但处于区域创新体系初生期的海南，其整体金融发展环境仍旧较为落后。

（2）创新环境发展方向

加快创新基础设施建设。海南省的信息基础设施虽然仍旧较为落后，但已达到全国平均水平。为了进一步推动创新基础设施的建设，应当依托自由贸易试验区和中国特色自由贸易港建设，争取外部资源，瞄准高端医疗和高端旅游业，完善全面的基础设施建设，为区域创新体系进一步发展奠定基础。

加快内外开放，改善市场环境。海南自贸区有条件成为中国与东盟全面战略合作的重要枢纽，海南省应当着力提升对外开放水平，做大国内和国外市场，并以此提升经济发展水平。

政府引导创新资金投入。政府引导社会资金扶持创新企业，尤其是扶持小微企业创新。由于海南省经济发展较为落后，创新主体仍旧是中小企业，这些企业难以自主获得来自银行等金融部门的资金支持，因此可以利用政府资金为引导，市场和政府双轮驱动，解决企业创新融资难题。

3. 创新成长演化分析

创新成长表现为区域创新资源和创新成果的增长率，从重庆市、江苏省的发展案例可以看出，创新成长的增强一般出现在创新体系发展的初生期和成长期，此时创新资源投入多，创新产出不断涌现。从海南省的创新资源和创新成果的增长率可以看到（见图 6 - 6 和图 6 - 7），2009 ~ 2018 年，海南省创新成果和创新效率的增长率总体呈下降趋势，但基本上保持正增长。

从海南省以往的发展情况来看，该省的创新成长在初生期保持较高水平，对推动海南省创新体系的发展起到重要作用。

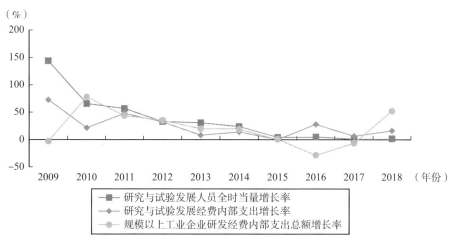

图 6 - 6 海南省创新资源增长率

资料来源:《中国统计年鉴》。

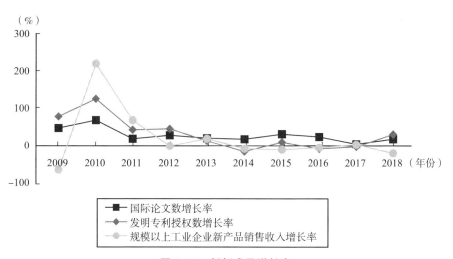

图 6 - 7 创新成果增长率

资料来源:《中国统计年鉴》。

(1) 高新技术产业逐渐增加

虽然海南省高新技术产业基数较小,但产业数量和成果增长较快,省内的高新技术产业年均翻一番,2019 年已有超过 550 家企业,增速位于全国前列。从"十三五"期间海南省高新技术发展情况来看,全省高新技术产业营业收入在 2016~2019 年 3 年间增速接近 50%，2019 年产值已超过 1 200 亿元，形成了以电子信息、生物医药以及高技术服务为主的新兴产业集群。海南省科技创新主要由高新技术企业带动，极大地提高了区域创新潜力和创新能力。

（2）聚焦创新重点领域

因地制宜，海南省聚焦深海、热带农业、种业、航天三大优势特色产业领域，推进"海陆空"三大科技城建设，推动海南省成为具有国际影响力的科技创新高地。为实现"海南星海南造、海南发、海南用"的目标，海南省地球观测重点实验室和中国科学院空天信息研究院海南研究院分别于 2014 年和 2019 年成立，推动了海南省海天事业的发展。除此之外，海南大学南海海洋资源利用国家重点实验室、海南省科技厅引智处和齐鲁制药药物研究院海南分院等组织推动了该省特色产业的创新。

4. 海南省案例总结

从生命周期阶段的识别结果和数据可以看到，海南省各项创新能力要素水平都较低，尤其是创新资源和创新成果。海南省创新体系的进一步发展，离不开创新资源和创新成果。除了增强较弱的创新资源和创新成果，还应保持当前相对较强的创新成长和创新效率在较高水平，进而推动海南省创新体系向成熟期发展。海南省创新体系发展情况总结如图 6-8 和图 6-9 所示。

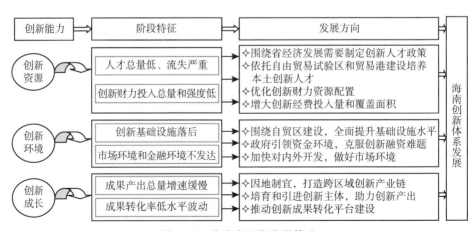

图 6-8　海南省短期发展策略

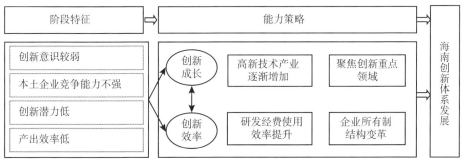

图 6 - 9 海南省长期发展策略

二、"初生期—成长期"案例研究

（一）山西省基本情况

改革开放以来，山西省将创新发展放在了重要地位，大力实施人才强国和科教兴国战略，创新财力资源和人力资源水平都有所提升，有效激发了创新体系人员和企业的创新活力，使山西省的创新工作取得了较大进步，为经济社会发展做出重大贡献。

2012 年以前，山西省科技创新综合能力和水平在全国各省份中处于比较落后的位置，由于大量资源企业的存在，企业在科研投入和技术创新应用等方面主体地位不突出，地区经济社会发展的主导力量不是科学技术。因此，2007 年，山西省颁布的《关于加快推进科技进步和创新的决定》强调了区域创新体系建设中要以政府为主导，引领创新方向和社会资金与区域发展相协调，以企业为创新投入、产出和应用的主体，以市场需要为导向，推动产学研合作和省市县联动。在政策的推动下，"十一五"期间，山西省的创新环境、创新人力和创新财力协同发展。2012 年，山西省颁布了《山西省自主创新能力建设"十二五"规划》，进一步推动了创新能力的发展，2013 年实现了创新体系从初生期到成长期的发展，到 2018 年，山西省研发经费投入

17 578 亿元，研发人员全时当量达到 75 862 人，发明专利授权数达到 2 287 件。山西省能够由发展初生期稳步迈入成长期，关键在于创新资源、创新环境、创新成长和创新效率这四种主导能力要素共同发挥作用。下文将对山西省在这一阶段的这四个主导能力要素进行分析。

（二）山西省区域创新能力要素演化分析

1. 创新资源演化分析

（1）创新财力投入

山西省一直十分重视创新财力的投入，从增加国家专项资金、省级专项资金、重大项目资金支持政策、科学仪器设备开发专项资金、创业投资引导资金等多角度全方位增加投入。山西省创新财力投入的增加主要体现在以下几个方面。

投入规模不断增加。在初生期，山西省研发经费内部支出逐年增加，见图 6 - 10。从 2007 年的 49.25 亿元增长到 2012 年的 132.35 亿元。除了 2010 年，山西省的研发经费投入一直稳步增长，为创新主体创新活动的正常进行提供了保障。

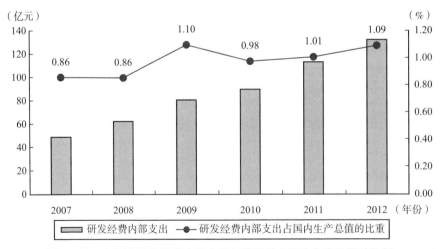

图 6 - 10 山西省研发经费内部支出规模及其占国内生产总值的比例

资料来源：《中国科技统计年鉴》。

创新财力资源投入结构逐渐优化。除了研发经费内部支出数量上的增长，山西省创新资源的增长还表现为内部结构的优化。从研发经费内部支出来源看，政府资金和企业资金一直是主要来源，2009～2012 年，二者的占比一直超过 96%。在初生期，企业资金一直占主导地位，来自企业的资金数量和比例都在增加，由 2009 年的 80.2% 上升到 2012 年的 83.3%。山西省的创新资源投入已经成为"企业主导型"，形成了政府资金为主导，企业自筹为主的资金投入结构（见图 6 – 11）。从增加的速度可以看出，企业创新财力资源投入的主动性越来越高。

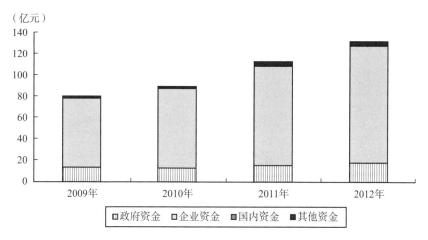

图 6 – 11　山西省创新研发经费投入来源

资料来源：《中国科技统计年鉴》。

创新财力资源管理效率提高。在加大创新财力资源投入的基础上，山西省开始对创新财力资源进行管理。2004 年，山西省颁布《山西省科学技术研究开发专项资金管理暂行办法》。2012 年，先后颁布了《关于推荐科技项目经费预算评审专家的通知》以及《山西省科技计划项目经费预算评审办法》，加强对创新资金的管理，这种有序管理大大提高了创新财力管理效率，提升了创新财力资源的实际使用数目。

（2）创新人力投入

2005～2007 年，山西省的创新人才政策相对较少，2007 年以后，山西省开始加大创新人力资源投入，从科技人才集聚计划、创新人才团队、"科学家 + 工程师"培育工程、高层次科技人才创新创业基地、科技人才引进等角度协同推进创新人才引进。2007 年，山西省加强对科技人才和海外留学人才的引进。之后，山西省的创新人才政策数量不断增加，对创新人才引进逐渐细化，山西省创新体系的创新资源逐渐增强。具体来看，山西省创新人才资源的增强主要体现在人才规模、人才结构和人才质量上。

人才规模。从山西省研发人员的变化可以看出，2007 年之后，山西省创新人才数量整体呈现波动中上升趋势，由 2009 年的 65 147 人增长到 2014 年的 73 925 人，呈现稳定增长态势。2015 年，创新人才数量下降，2016 ~ 2018 年逐渐恢复（见图 6 - 12）。

图 6 - 12　山西省 2009 ~ 2018 年研发人员全时当量

资料来源：《中国科技统计年鉴》。

人才结构。人才结构的变化主要体现在两方面：一方面是人才在基础研究、应用研究和试验发展这三类活动的分布上。从表 6 - 1 中 2009 ~ 2012 年的数据可以看到，山西省创新人才在这三类活动上的分布情况基本稳定，其中从事基础研究的人才数有所增加。在人才数量上，实验发展的人才数量远大于其他两项，说明山西省形成了更贴近产业化和商品化的人才结构。另一方面体现在人才在各行业的分布上。为实现资源型经济转型，山西省在 2011 ~

2012 年先后出台了《山西省国家资源型经济转型综合配套改革试验实施方案（2016—2020 年）的通知》，2012 年正式启动实施"山西省科技创新团队培育建设工程"，关注重点产业、优势产业和战略性新兴产业领域的人才布局，有效地引导了创新人才向重点行业和产业的转移。

表 6 - 1　　　　山西省人才在基础研究、应用研究和试验发展上的分布　　　　单位：人

年份	基础研究	应用研究	试验发展
2009	3 029	8 621	36 124
2010	2 782	7 894	35 606
2011	3 348	8 780	35 233
2012	3 399	8 622	35 011

资料来源：《中国科技统计年鉴》。

　　人才质量。创新人才投入的增长还体现在人才质量的提升上，为加快转变经济发展方式，建设山西省支柱产业、优势产业、新兴产业，发展重点专业学科，山西省实施了"两高"人才培养工程，重点培养能显著带来区域创新能力提升的各类技术人才。提出对产业领军人才要培养和引进并举，着力培养一批杰出的科学家、工程技术专家以及一批青年高级专家。高质量人才的引进和培养，推动了山西省创新资源水平的提升。

2. 创新环境演化分析

（1）融资环境

　　科技创新型企业的技术开发和科技创新需要大量的资金支持，但资金投入的沉没成本较高，资金回收周期长且存在较大的不确定性。因此，在科技创新企业发展的前期，需要有良好的融资环境保证其创新活动的进行。在初生期，山西省的融资环境依靠政府资金和政策的支持，主要是政府主导产业融资投资。2008 年金融危机导致创新活动的融资支持薄弱，直到 2011 年，创新融资政策逐渐增加，融资活动开始恢复活力。在步入成长期之后，由于互

联网技术的发展，融资信息更加开放、透明，有效地促进了中小企业的融资，促进了金融市场的完善，增强了区域的创新环境。

（2）创新基础建设

创新发展离不开创新基础设施的发展。如图 6－13 所示，2009 年，山西省网民有 1 064 万人，到 2012 年达到 1 589 万人，年均增长 12.34%。到成长期之后，互联网上网人数持续增长，年均增长率达到 3.89%。类似地，电话普及率和互联网普及率也表现出从初生期到成长期持续增长的特点。在初生期，山西省一方面不断加大基础设施建设投入力度；另一方面大力推动电信基础设施共享。工信部和国资委联合下发《关于推进电信基础设施共建共享的紧急通知》，据山西通信管理局数据显示，截至 2012 年，山西省开展共建共享工作节约建设资金总额位居全国第一，达 38.3 亿元。步入成长期后，随着通信技术的发展，山西省更加重视创新基础设施的建设。2019 年，山西省通过城市高速光纤宽带网络建设工程、电信普遍服务试点工程、移动通信网络建设工程、云计算大数据工程、移动物联网工程，推动了创新基础设施的建设，并持续提升移动通信网络覆盖广度和深度，进一步提升第四代移动通信网络覆盖程度和速率，推动第五代移动通信网络站址规划，支持基站建设。

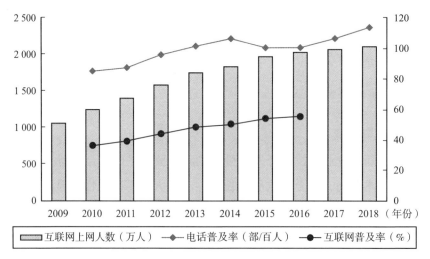

图 6－13　2009～2018 年山西省创新基础设施发展情况

资料来源：国家统计局；《山西省互联网发展报告》。

（3）经济环境

良好的经济环境是创新活动正常进行的重要保障。如图 6 – 14 所示，2012 年之前，山西省人均国内生产总值增长较快，这与其创新资源的投入相辅相成。步入成长期后，人均国内生产总值增长速度放缓，但仍旧维持在较高水平，2016 年后出现了明显的增长趋势。经济环境的稳定和发展为进行创新活动的市场环境提供了保障。

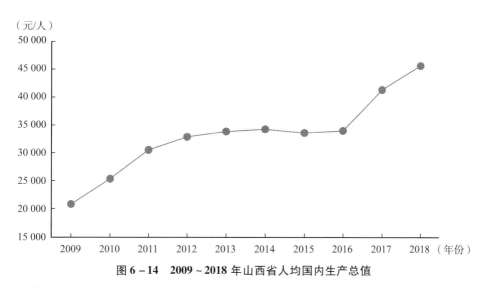

图 6 – 14 2009 ~ 2018 年山西省人均国内生产总值

资料来源：《中国科技统计年鉴》。

3. 创新成长演化分析

在 2010 ~ 2018 年间，山西省的区域创新成长整体呈现先下降后上升的趋势，波动幅度较大，如图 6 – 15 所示。从创新投入成长来看，研发人员投入、研发内部经费支出和规模以上工业企业研发内部经费支出在 2010 ~ 2015 年间呈现出在波动中下降的趋势。在 2015 年之后，创新成长开始急速上升。相应的，创新产出成长，即国际论文增长率、发明专利授权数量增长率和新产品销售收入增长率也在 2010 ~ 2015 年间呈现出波动中下降的趋势，之后又表现为波动中上升。整体来看，创新成长在初生期的波动较大，说明在这一阶段，山西省的整体发展是不稳定的，但是由于总体的增长率处于较高水平，使得山西省能够从初生期迈入成长期。

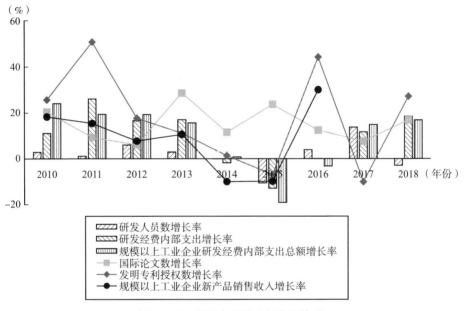

图 6 - 15   山西省创新成长发展情况

资料来源：《中国科技统计年鉴》《山西科技统计年鉴》。

山西省创新成长经历这种波动是有原因的，从大的背景来看，2008 年金融危机之后，资源型企业发展乏力，2015 年进行的供给侧改革又赋予了这些企业转型的动机，从而带动创新体系的发展。具体来说，有以下原因使得山西省的创新成长呈现波动趋势。

（1）企业创新转型

山西省是典型的资源型省份，煤炭行业一直是其支柱产业。然而，煤炭行业的创新效率不高，污染严重是山西省创新体系发展需要解决的重要问题。2004 年，资源整合后，山西省煤炭企业开始重视技术创新，得到了一定的发展，但仍旧存在体系落后、投入不足等问题。在初生期，由于煤炭企业的集中度不高，大型企业设立科研创新部门，但中小企业的目标仍旧是煤炭开采，较少关注技术创新，整个煤炭行业的技术创新能力仍旧较低。步入成长期之后，山西省通过政策推动传统煤企创新转型。如山西晋能集团在 2013 年注册成立晋能清洁能源科技有限公司，以每年效益翻番的发展速度成为这个老牌煤企新的经济增长点。步入成长期的煤炭行业的成功创新转型，提升了山西省创新体系的成长能力和潜力。

（2）保障中小微企业发展

除支柱产业外，山西省还重视推动中小微企业发展。中小微企业是科技成果转化、市场化的重要载体，也是大众创业、万众创新的主力军，对山西省创新体系的发展有至关重要的作用。然而，中小微企业的平均寿命较低，对区域创新体系的发展十分不利。在初生期，虽然山西省出台多项政策保证中小微企业的发展环境，但是总体企业创新环境改善不大。在成长期，山西省通过建立中小微企业公共服务平台、推动中小微企业规范股份制改造，支持中小微企业创新创业转型发展，中小微企业发展情况因而有所改善。

（3）知识产权

早在初生期，山西省就十分重视知识产权的保护。2005 年，太原市被列入全国知识产权示范创建市。2008 年，山西省有 3 个城市成为国家级知识产权示范、试点城市，专利代理机构增至 5 所，山西省技术产权交易所被认定为国家专利技术展示交易中心。步入成长期后，山西省开始实行知识产权强省战略，并于 2018 年成立山西省知识产权局。山西省对知识产权的创造、保护、运用在知识产权强省战略的有力支撑下不断加强。截至 2018 年底，全省有效发明专利拥有量 12 983 件，每万人口发明专利拥有量达 3.5 件；截至 2019 年 3 月 15 日，全省商标注册申请量达到 12 710 件，注册 12 981 件，有效注册总量达到 151 537 件。目前，山西省的知识产权发展基础已经夯实，各类创新主体对知识产权的创造和运用不断增强，对各类专利成果等保护机制也不断完善，逐渐形成一个打通知识产权服务、创造、运用、管理、保护的全链条，以严格保护引领创造、促进运用、创新管理、优化服务的产业发展新格局。

4. 创新效率演化分析

创新效率也是推动山西省从初生期发展为成长期的主要能力要素之一。

山西省的创新效率指标如图 6－16 所示。每十万人的发明专利拥有量和国际论文数量均稳中有升，分别从 2009 年的"6.0 件/十万人"和"8.4 篇/十万人"增长至 2018 年的"19.5 件/十万人"和"40.8 篇/十万人"。每亿元研发经费内部支出产生的发明专利授权数和规模以上工业企业每名研发人员平均新产品销售收入这两个指标总体处于波动中上升的趋势。

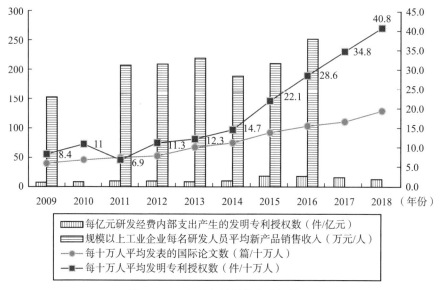

图 6－16　山西省创新效率发展情况

资料来源：《中国科技统计年鉴》。

具体来看，山西省创新效率较强主要有以下两个原因：第一，产业结构的调整。长期以来，山西省的经济发展主要依靠煤炭资源的开采和初级加工，产业结构单一。经济发展过度依赖煤炭资源。调整产业结构，大力发展高新技术产业已经成为山西省发展的重点。因此，为了优化当前产业结构，培育新产业新动能，山西省依据产业链布局创新链，以高端装备制造、新一代信息技术（含大数据、机器人等）、新能源、新材料、新能源汽车、节能环保和生物医药等产业为重点，实施了一批战略性新兴产业领域的科技重大专项和产业化示范项目，并据此调整了省级科技计划和经费的投向。除了围绕当前支柱产业进行产业链布局创新链外，山西省还注重推动高新技术产业发展。

山西省高新技术产业化效益自 2007～2011 年经历低潮后，在 2013 年有明显的涨幅。2013 年，山西省高新技术企业数量仅有 371 家，到 2016 年，高新技术企业达到了 936 家。产业链产业创新和高新技术企业的发展有效地促进了区域内创新产业发展，提升了区域内创新效率。第二，人才质量的提升。从创新资源上可以看出，山西省在创新人力投入上着重关注了引进人才的质量，从而提升了区域内创新人才质量，促进了单位人力资源创新产出的增加，提升了山西省创新效率。

5. 山西省案例总结

山西省是典型的资源型省份，在发展初期主要通过煤炭等资源推动区域发展，但传统资源型企业的创新能力和创新活力较差，整体创新能力较低。为推动创新体系发展，山西省在初生期重点培育了创新资源、创新环境和创新成长，经过一段时间发展，于 2013 年步入成长期。在成长期，山西省主要通过发展区域创新成长和创新效率推动区域创新体系发展。山西省在 2009～2018 年遇到的问题和能力策略如图 6-17 所示。

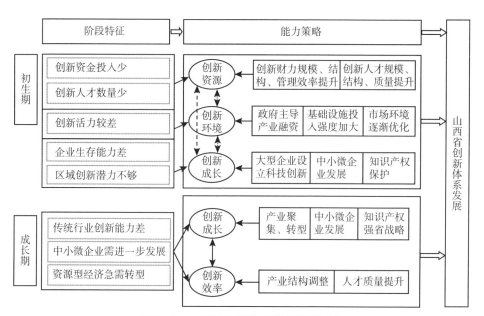

图 6-17　山西省创新体系发展案例总结

三、成长期案例研究

（一）重庆市基本情况

从区域创新体系生命周期识别结果可以看出，2009～2018年间，我国西部地区经历了较大的发展，西部地区的中心城市——重庆市在区域创新体系的建设和发展中表现优异。

重庆是我国中西部唯一直辖市，是西部地区中心城，也是西南地区综合交通枢纽。其创新能力在中西部地区中一直位于领先地位。重庆市的创新发展紧跟中国创新政策。早在2000年，重庆市就颁布了《重庆市科研机构体制改革实施方案》推动重庆市科研体制改革，从创新上游开始加速科技进步。之后，重庆市从产业引进发展（《重庆市鼓励外商投资新增优惠政策的通知》）、人才培养（《关于进一步优化人才环境的决定》）、资金管理（《重庆市信息产业发展专项资金管理办法》）等多角度出发，制定了推动重庆创新体系发展的系列政策。2004年，重庆市政府印发了《关于加快区域科技创新体系建设的决定》，重庆创新体系建设发展被正式提上日程。2009年，《国务院关于推进重庆市统筹城乡改革和发展的若干意见》对重庆有如下定位，"充分发挥企业自主创新的主体作用，推进产、学、研相结合的科技创新体系建设，加快建设长江上游的科技创新中心和科研成果产业化基地"。2000年以来，重庆市从科技研发、资源共享、成果转化等多角度全面推动重庆市创新体系的发展。2009年，重庆市创新体系经过长期的发展，从初生期正式步入成长期。根据《中国区域创新能力报告》，自2009年以来，全国省级地区中的创新能力综合效用值排名中，重庆市一直位居全国前列，从未跌出15名之外（见图6-18）。

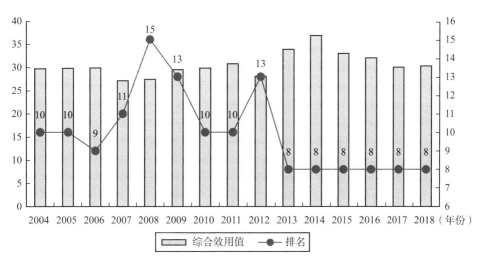

图 6 – 18　重庆市 2004 ~ 2018 年创新能力综合效用及排名

资料来源：《中国区域创新能力评价报告》。

　　结合重庆市的区域创新体系生命周期识别结果可以发现，重庆市在成长期的主导能力是创新效率和创新成长。因此，结合重庆市创新政策发展历程，对重庆市 2009 ~ 2018 年的创新效率和创新成长演化发展情况进行分析。

（二）重庆市区域创新能力要素演化分析

1. 创新效率演化分析

　　从以上分析中可以看到，重庆市论文、专利等科技成果的产出数量不断增加，维持在较高水平，使重庆市的创新成果在创新体系发展的初生期起到重要作用。依托于稳定的创新成果产出，重庆市的创新效率水平较高。如图 6 – 19 所示，从 2009 ~ 2018 年，相比四川、广西和云南，重庆市的人均发表国际论文数一直维持在较高水平，基本上与四川省相同。在四个省（市、区）中，重庆市每十万人年均发表的国际论文数最多，达到了"12 439 篇/十万人"。如图 6 – 20 所示，人均发明专利授权数情况与人均发表国际论文数相似。从重庆市的移动平均线可以看到,重庆市人均发明专利授权数基本维持稳定,且能一直维持较高水平。

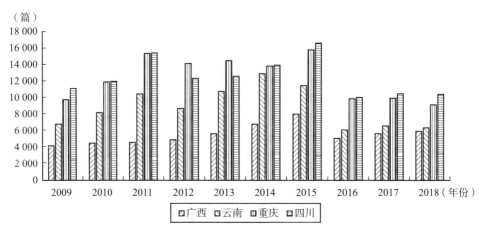

图 6 – 19　重庆市 2009～2018 年每十万人平均发表的国际论文数

资料来源:《中国区域创新能力评价报告》。

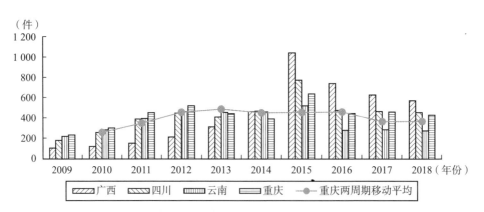

图 6 – 20　重庆市 2009～2018 年每万人平均发明专利授权数

资料来源:《中国区域创新能力评价报告》。

从人均发表国际论文数和人均发明专利授权数的数据中可以看到,创新效率在重庆市的初生期和成长期发展中都起到了重要作用。重庆市创新效率能成为区域发展的主导力量主要包括两个方面的原因:第一,重庆市创新成果较强。创新成果反映了重庆市创新产出"量"的增加，创新效率则反映了创新产出"质"的情况。重庆市创新产出基础好，使其创新产出效率处于高水平状态。第二，产业结构调整。重庆作为老工业基地，新中国成立以来，经过五十多年的发展，建立了门类齐全、综合配套性较强的现代工业生产体系，在40个工业行业大类中，39个大类的产品在重庆市都有生产，生产门类齐全率达到97.5%。但在工业经济总量中，传统产业占比较高，2003年全市高新技术产业产值770亿元，仅占全市工业总产值的34%。为推动重庆市的创新发展，改变当前的产业格局，重庆市一方面推动激发传统产业的创新活力，通过引进先进技术和高质量创新人才等手段，增强传统产业的创新能力；另一方面加强对高新技术产业的扶持。1999年，重庆市开始推动高新技术产业化，同时对高新技术产业发展从企业认定、产品认定、产品交易优惠、投资优惠和收税等优惠政策，多角度全方位促进高新技术企业的发展。重庆市先后设立大足、垫江等多个高新技术产业开发区。高新技术企业的快速发展有效地促进了规模以上企业的创新效率，提高了重庆市创新体系的创新效率。

2. 创新成长演化分析

重庆市的4个表征创新成长的指标在2008～2019年间全部呈现正增长，在重庆市初生期和成长期的发展中都起到了重要作用，除研发人员全时当量之外，其他的几个增长率均保持在10%以上（见图6-21）。整体来看，研发人员全时当量的增长率和研发经费内部支出增长率小于国际论文数和发明专利授权数增长率。也就是说，创新投入的增长率小于创新产出的增长率，这与重庆市创新效率水平较高的状况相符。

从重庆市的发展来看，其创新成长水平较高的原因如下。

（1）新兴产业发展带动创新增长

重庆市大力发展新兴产业。新兴产业对创新能力的推动作用体现在笔记本电脑、物联网、智能汽车、智能交通、机器人、智能装备以及新能源汽车等产业和项目的飞速发展。新兴产业强烈的创新活力和创新潜力对重庆市的创新成长起到了明显的促进作用。重庆市经信委的数据显示，2015年，重庆

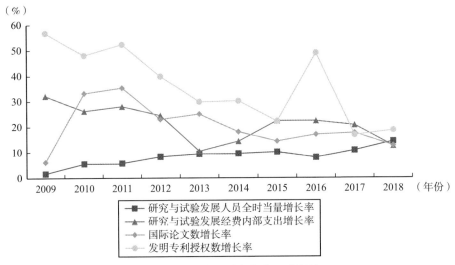

图 6 – 21   重庆市区域创新体系成长情况

资料来源:《中国区域创新能力评价报告》。

市十大战略性新兴产业快速发展,实现产值 1 664 亿元,对工业产值增长贡献率达 30%。重庆都市建设城市发展新区,推进了各功能区域发展差异化、资源利用最优化,对创新产出增长起到重要作用。

中小企业具有很强的技术创新能力。20 世纪 80 年代以来,美国大约有70% 的创新是由中小企业完成的。中小企业是发展新兴产业的重要力量。为推动新兴产业发展,2014 年,重庆市委市政府出台了《重庆市完善小微企业扶持机制专项方案》(渝府发〔2014〕36 号),在已有的一系列针对小微企业发展措施的基础上,专门制定了 16 项扶持措施,包括降低创业门槛、打造众创空间等公共服务和税收优惠政策扶持。

(2)丰富的资源基础

重庆市是我国老工业基地,是西部资源禀赋较好的地区,经济实力雄厚,人力资源丰富,发展活力强劲。在地理位置上,重庆地处东西部交接,牵引南北,具备得天独厚的区位优势,从全国范围来看,在对外开放和区域发展新格局中优势明显、地位突出。因此,无论是项目落地还是技术转移,重庆都是国内外企业和科研机构的首选地之一。优秀的资源禀赋和地理位置优势,使得重庆市在吸引创新人才和创新资金投入上都具有明显优势，有效地促进了其自身的创新成长。

3. 重庆市案例总结

2009 年，重庆市创新体系发展进入成长期，在传统产业创新能力不强的情况下，通过一系列政策方案，培养了创新效率和创新成长要素，有效地推动了重庆市的创新体系发展。图 6-22 概括了重庆市在成长期的特征和其主要的能力策略。

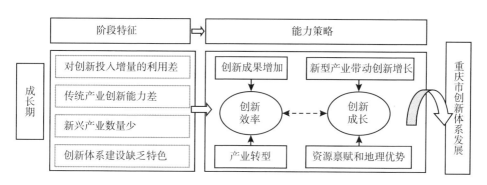

图 6-22 重庆市创新体系案例总结

四、"成长期—成熟期" 案例研究

（一）江苏省基本情况

江苏省一直走在科技创新的前沿。早在 2006 年，江苏省就颁布了《江苏省科技发展"十一五"规划纲要》，是全国范围内第一个提出"科技兴省"战略的省份。在 2009～2018 年间，江苏省相继发布《关于实施创新驱动战略推进科技创新工程加快建设创新型省份的意见》《江苏省科技发展"十二五"

规划纲要》《关于加快推进产业科技创新中心和创新型省份建设的若干政策措施》和《关于加强企业创新促进转型升级的实施意见》等促进区域创新体系发展的政策。2013 年，在党的十八大创新驱动发展战略的指导下，江苏省在全国率先启动创新型省份建设试点，逐步将自身打造成科技大省。自 2016 年在科技创新大会上提出科技强省目标后，江苏省在 2017 年和 2018 年，连续两年对建设高质量创新型省份提出新要求。在一系列政策措施推动下，江苏省创新体系成熟稳定发展。

从实证结果来看，在 2012 年，江苏省经过长期的发展，正式从成长期步入成熟期，区域创新体系发展的主导能力要素也随之变化。成长期的区域主导创新能力要素为创新成长和创新效率要素，步入成熟期之后的主导能力要素则转变为创新环境、创新资源、创新网络和创新成果要素。下文将对 2009 ~ 2018 年间六类创新能力要素的演化进行分析。

（二）江苏省区域创新能力要素演化分析

1. 创新成长演化分析

2009 年，江苏省虽然综合创新能力排名第一，但是在创新中仍旧存在诸多问题。全球金融危机对世界经济的发展产生了重大的影响，如何在这场危机后保持经济的稳定增长和创新活动的正常进行，对当时的江苏省是一场不小的挑战。国外新技术和国内竞争不断对江苏省的发展产生冲击。虽然江苏省面临着较强的资源禀赋约束和环境压力，但在这种挑战下，江苏省表现出超强的潜力和成长能力。

从创新成长来看，2009 ~ 2018 年间，江苏省的研发人员、研发经费内部支出等研发投入指标整体呈现增长趋势。具体来说，在成长期，即 2013 年之前，江苏省人员和财力资源的投入都不断增加，且增速远高于 2013 年后，也高于北京、上海、广东和浙江等发达省份，且研发经费内部支出的年均增长率在 2013 年前维持在 10% 以上。高速增长的创新投入，带来了创新产出的高速增长。2013 年以前，江苏省发表的国际论文数、发明专利授权数和企业销售收入整体上呈现出快速上升的态势（见图 6 - 23）。强大的创新潜力和成长能力，推动了江苏省经济的高速发展，促进了江苏省从成长期发展到成熟期。在步入成熟期后，虽然江苏省的创新成长水平仍在不断提高，但是整体增长较为缓慢，甚至存在波动情况，例如新产品收入增长率在 2013 年出现下滑，这些都表明创新成长已经不再是江苏省区域创新体系发展的主导能力要素。

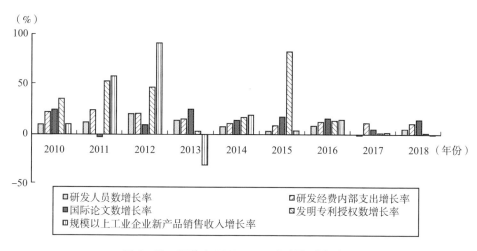

图 6 - 23　江苏省 2010 ~ 2018 年创新成长水平

资料来源：《中国区域创新能力评价报告》。

2. 创新效率演化分析

江苏省的创新效率一致位于全国前列，这是江苏省创新体系从成长期迈向成熟期的另一个关键能力要素。成长期的江苏省已经积累了一些创新资源，但创新产出相比于成熟期仍旧存在不足。同时，国内经济发展开始向新阶段转变，对环境保护的要求较高，使得作为制造业大省的江苏省面临着较强的环境压力，这意味着江苏省需要不断提高创新资源的高效率利用能力，进一步完善区域创新体系。

从图 6 - 24 可以看到，江苏省的创新效率整体呈现不断上升趋势。具体来看，江苏省的创新效率在 2009 年已经处于国内较高水平，在 2009~2018 年间保持了高速增长，万人发明专利授权数从 2009 年的 1.87 件增长到 2018 年的 26.45 件，每十万人平均发表的国际论文数从 2009 年的 81 篇增长到 2018 年的 455.19 篇。这种高幅度的增长一方面是由于创新效率水平的提高，另一方面是江苏省自 2009 年以来创新成果的不断积累。规模以上工业企业每万名研发人员平均新产品销售收入和每亿元研发经费内部支出产生的发明专利授权数也在 2013 年之前保持较高速增长，但从 2015 年之后，上述指标均有不同程度的下滑。创新效率的不断提高使得江苏省丰富的创新资源可以得到有效利用，从而吸引更多的优秀企业和人才，保证了创新成果的稳定产出，推动江苏省创新体系步入成熟期。但是成熟期之后，创新效率增长速度有所下降，不再是创新体系发展的主导能力。

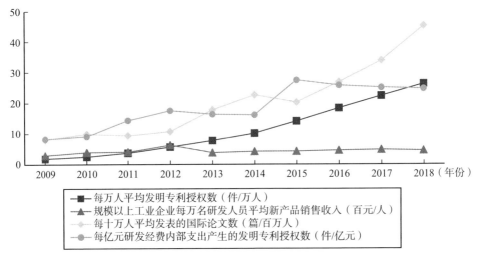

图 6-24 江苏省创新效率情况

资料来源：《中国科技统计年鉴》。

江苏省创新效率能够成为主导能力有两方面的原因：第一，研发经费使用效率高。江苏省每亿元研发经费内部支出产生的发明专利授权数稳定，且维持在较高水平。从宏观层面来看，这可能与江苏省出台的高新技术产业扶

持政策有关。当前，江苏省内高新技术企业数量快速增加，2018 年达到
13 278 家，位于全国第三。在一系列政府政策的推动下，企业结构不断调整，
更适于进行创新活动。第二，江苏省所有制结构调整。从表 6－2 可以看到，
2014～2017 年，江苏省的国有控股企业占比从 1.33% 下降到 1.02%，私有企
业占比增加。私有企业占比提高的同时，数量快速上升，也是导致江苏省创
新效率提高的一个重要原因。

表 6－2　　　　　　　　　　　　2014～2017 年江苏省所有制结构

年份	企业法人单位数（个）	国有控股企业法人单位数（个）	私人控股企业法人单位数（个）	国有控股企业占比（%）
2014	1 184 337	15 767	1 073 275	1.33
2015	1 388 252	17 978	1 252 077	1.30
2016	1 717 140	20 904	1 549 449	1.22
2017	2 148 335	22 014	1 983 808	1.02

资料来源：《中国科技统计年鉴》。

3. 创新成果演化分析

（1）持续增长的创新成果产出

江苏省的创新成果总量位于全国前列。但是创新成果如发明专利等产
出相比于其他成熟期有所不足，产出排名也不断波动。从图 6－25 可以看
到，江苏省每年发表的国际论文数量和获得的发明专利授权量均逐年提高，
在 2018 年分别达到了 72 312 篇和 42 019 件。整体排名在 2009 年之后没有
低于前三名，2015～2016 年发明专利授权数排名全国第一，之后维持在全
国第 3 位，每年发表的论文数量长期维持在全国第 2 位。江苏省的创新产
出稳步提高，这是成熟期的典型特征。创新成果的不断涌现，是带动区域
创新体系发展的重要动力，创新成果能力是江苏省区域创新体系的主导
力量。

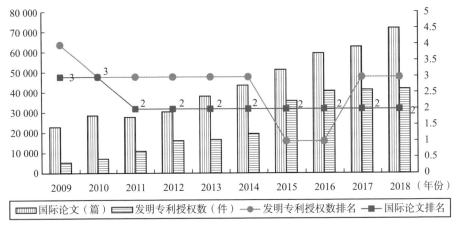

图 6 - 25　2009 ~ 2018 年江苏省创新成果情况

江苏省的优秀创新成果产出，与本省得天独厚的地理位置、历史文化、创新主体等多方面因素有关。首先，杨青峰（2013）的研究表明，地区出口强度、地方基础设施和地理位置对区域创新能力有着显著的正向影响，而江苏地处沿海平原地区，出口强度大，基础设施完善，地理位置良好，因此区域创新资源容易流动，创新主体容易形成创新网络，创新产出较多。其次，创新主体较多，2018 年有 52 家企业进入全国五百强企业名单，86 家企业进入全国民企五百强企业名单，优秀的创新主体带动了江苏省创新成果的稳定产出。总的来说，江苏省的制造业发达，规模以上企业众多，地理位置优越，经济发达，创新成果能力在全国范围内属于极为优秀的水平。

（2）创新成果转化水平较高

江苏省创新成果转化经济效益的水平较高。从图 6 - 26 可以看到，江苏省规模以上企业新产品销售收入呈现出持续增长的特点，到 2018 年，江苏省规模以上工业企业新产品销售收入达到 28 425.04 亿元，在 31 个省级行政区划单位中排第 2 位。技术市场输出地域的合同金额也不断提高，2018 年达到 991.45 亿元，但是排名从 2009 年第五名下降至 2018 年的第 7 名，这表明江苏省的专利市场化水平相比国内其他领先省份有着一定程度的下降，但是从全国范围来看，仍处于较高水平。

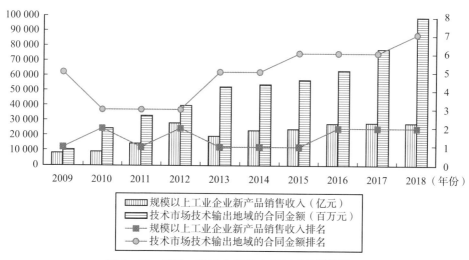

图 6-26 2009~2018 年江苏省创新成果转化情况

资料来源:《中国科技统计年鉴》《中国区域创新能力评价报告》。

江苏省创新成果转化程度较高,主要有以下几点原因:第一,政策形成体系。党的十八大以来,江苏省出台了《江苏省促进科技成果转移转化行动方案》《关于加快推进产业科技创新中心和创新型省份建设若干政策措施》等一系列推动创新成果转化的政策,并配套出台了《江苏省科技成果转化专项资金项目管理办法(试行)》等实施细则,基本形成了鼓励广大科技人员创新创业,促进科技成果转化的有效政策保障体系。第二,平台建设完善。江苏省建立了完善的创新成果转化平台,在《关于加快推进产业科技创新中心和创新型省份建设的若干政策措施》中明确提出了建立科技成果项目库和信息发布系统,并建立了江苏技术产权交易市场。这些成果转化平台使得高校和科研机构与企业高效对接,避免了知识产权纠纷、法律事务等问题,推动了创新成果转化的高质量发展。第三,企业有效承接成果转化。创新成果转化的过程最终需要企业完成,江苏省是制造业强省,面向国内外消费市场,规模较大,且规模以上工业企业众多,可以有效地将创新成果转化为市场创新收入。

4. 创新环境演化分析

(1) 不断拓宽的科技创新融资渠道

从创新财力资源投入总量上看，江苏省的创新资源投入虽然在持续增加，但在成长期时的融资渠道并不畅通，存在创新资源和创新行为之间的错配。江苏省以往通过对创新机构和创新人员直接进行普通的资金支持，缺少对创新资金的监管，使得创新资金的利用程度不高。除此之外，创新主体的创新资金主要来自政府的创新政策和企业贷款，但企业贷款很难满足企业的创新需求。尤其是对中小企业来说，更难获得创新资金，融资难问题成了科技型中小企业创新活动中面临的困难。针对上述问题，江苏省政府加强了对中小微企业的信贷支持，严格控制贷款利率上浮幅度，对符合产业政策的中小企业，规定银行业金融机构的贷款利率上浮最高不得超过30%，降低了企业的经营成本和税收。同时，江苏省通过发展融资担保体系、深化融资体系改革、管理融资平台的方法畅通融资渠道，为创新主体打造了更好的融资环境。

(2) 加快创新基础设施建设

通畅的网络环境是创新活动重要的基础设施，良好的基础设施建设能更好地支撑创新活动，也决定着创新事业发展的效率。为加快创新基础设施建设，江苏省深入实施"制造业强省、网络强省、数字经济强省"等战略，加快新型基础设施建设。在通信网络基础设施领域，实施"无线江苏"和"宽带江苏"等重点工程。2020年底，全省开通第四代移动通信基站38.9万座，建成并开通第五代移动通信基站7.1万座，建立网络宽带接入口9 000万个。在交通基建方面，实现了宁沪高速江苏段的第五代移动通信网络全覆盖，成为我国首条第五代移动通信网络全线覆盖的干线高速公路。同时，在2020年实现江苏省国家重大科技基础设施"零"的突破，建设90家省级以上企业重点实验室，建设并培育20家省级产业创新中心，共有超过120家企业被认定为国家级企业技术中心或分中心，目前获批的省级工程研究中心已经超过1 000个。江苏省大力推动创新公共服务建设，成立了100多个省部级以上创新示范基地，企业孵化方面，国家级孵化基地数量、占地面积和孵化企业数量等均位于全国前列。强有力的创新基础设施建设为江苏省创新发展营造了更好的创新环境。

5. 创新网络演化分析

2009 年，江苏省高新技术产业规模有所提高，引进了一些先进的设备。但实际上，江苏省的高新技术产业大多数是外资企业，其核心技术来源于母公司，对关键技术和核心技术的把控能力不强，对已有创新成果的转化能力也不强。因此，江苏省不断颁布政策促进产学研合作，建设科技服务机构，以推动创新成果转化，寻求关键技术上的创新和突破。

（1）完善的产学研网络

江苏省的产学研合作开启较早，是全国产学研合作最为活跃的地区之一。目前全省已建设 45 个产学研协同创新基地、5 500 多个产学研合作载体、1.3 万多个"校企联盟"，每年实施各类产学研合作项目 2 万多项。正在逐步建设以企业为主体、市场为导向、产学研深度融合的创新体系。

江苏省的高质量教育体系是推动区域内产学研合作的重要保障。江苏省是除北京市以外拥有"211"高校最多的省份，共拥有南京大学、东南大学、河海大学、南京理工大学、南京航空航天大学、南京农业大学、中国矿业大学（徐州）、中国药科大学、苏州大学、江南大学和南京师范大学 11 所"211"高校。通过在国家知识产权专利检索网站以学校名称作为关键字进行检索，选取 2009 年 1 月 1 日到 2018 年 12 月 31 日的发明专利（包括发明公开和发明授权）。经整理，11 所"211"高校在 2009～2018 年间共申请了发明专利 140 442 项，其中高校之间合作申请的发明专利为 212 项。最终检索得到的具体数据分布如图 6-27 所示。

通过数据整理，假若两个高校之间存在联合申请专利的情况，则矩阵中对应位置为 1；若不存在联合申请的情况，则矩阵中对应位置为 0。使用社会网络分析软件（UCIENT）对高校之间的关系进行分析，得到如图 6-28 所示的网络分析图。图中各点代表各个高校，点之间的连线代表高校之间的合作关系。点的大小则表示其集中度，与其他高校合作越密切的，对应的点越大。

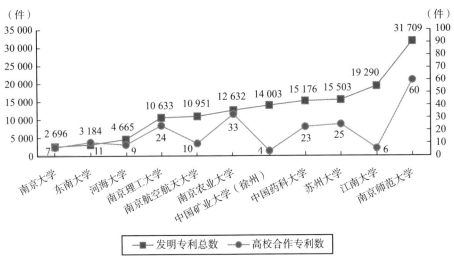

图 6 – 27　2009 ~ 2018 年江苏省高校和高校间联合申请发明专利情况

资料来源：国家知识产权局。

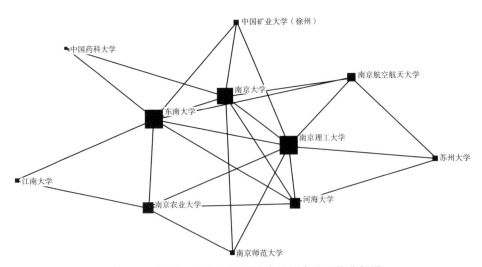

图 6 – 28　2009 ~ 2018 年江苏省高校间合作网络分析图

资料来源：国家知识产权局。

　　通过以上分析可以发现，东南大学与省内其他"211"高校之间的合作最多，与除苏州大学和南京师范大学以外的所有"211"高校都有合作；江南大学和中国药科大学与其他学校的合作最少。网络密度可以测量产学研网络中各创新主体之间关系的紧密程度。测量发现，高校间的网络密度仅有0.4545，可见高校间的合作仍然较少，知识共享程度不高，合作创新水平不强。

　　2009～2018年东南大学是江苏省申请专利最多的高校，也是与企业之间合作最为密切的大学。以东南大学为例，对江苏省高校与企业之间的合作进行分析。基于2009～2018年的专利数据，选择与东南大学合作超过10次的企业，形成东南大学近10年的产学研网络（如图6-29所示），连线越粗表示该企业与东南大学的合作次数越多。

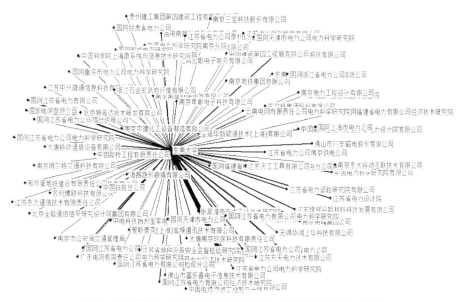

图6-29　2009～2018年江苏省基于东南大学的产学研网络

　　具体到每一年，在过去10年，东南大学与企业的产学研合作图如图6-30至图6-39所示。

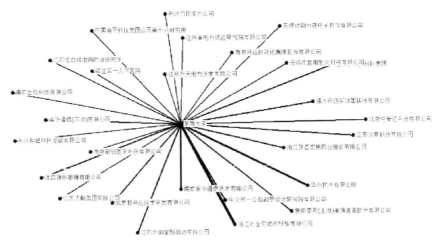

图 6-30　2009 年江苏省产学研合作情况

资料来源：国家知识产权局。

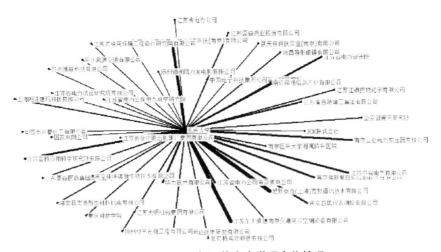

图 6-31　2010 年江苏省产学研合作情况

资料来源：国家知识产权局。

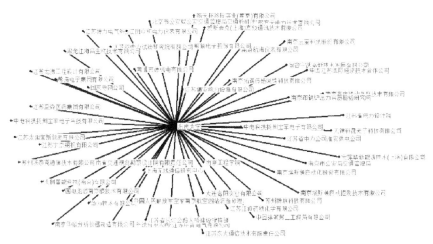

图 6 - 32　2011 年江苏省产学研合作情况

资料来源：国家知识产权局。

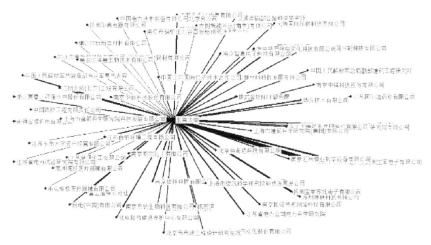

图 6 - 33　2012 年江苏省产学研合作情况

资料来源：国家知识产权局。

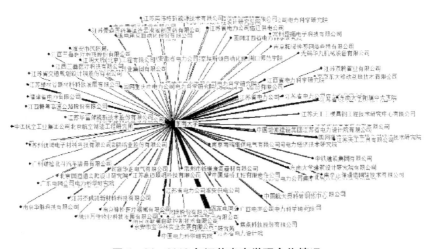

图 6 - 34 2013 年江苏省产学研合作情况

资料来源：国家知识产权局。

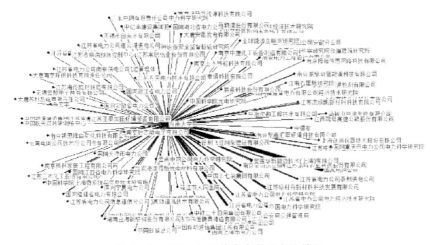

图 6 - 35 2014 年江苏省产学研合作情况

资料来源：国家知识产权局。

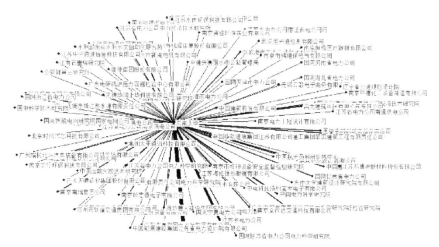

图 6 - 36 2015 年江苏省产学研合作情况

资料来源：国家知识产权局。

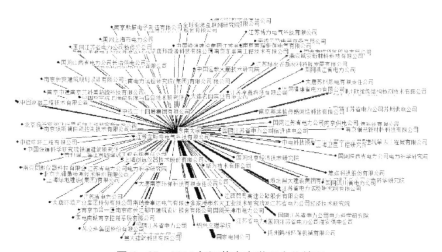

图 6 - 37 2016 年江苏省产学研合作情况

资料来源：国家知识产权局。

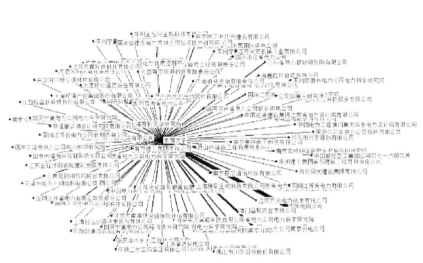

图 6 – 38　2017 年江苏省产学研合作情况

资料来源：国家知识产权局。

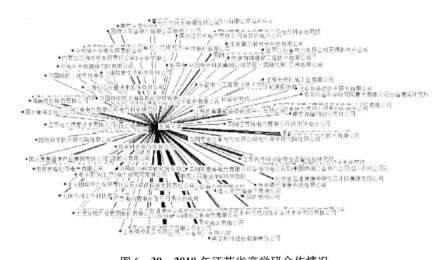

图 6 – 39　2018 年江苏省产学研合作情况

资料来源：国家知识产权局。

从东南大学与企业之间的合作中可以看到，在企业数量方面，从 2009~2018 年逐年递增，且在 2009~2012 年间，合作数量的增长较为迅速，之后逐渐走向稳定。对比 2009 年与 2018 年的数据可以发现，东南大学与企业合作的发明专利数量从 82 件增长到 762 件。面对江苏省成果转化率不高这一状况，作为以创新为主导的研究型大学，东南大学不断探索产学研开发的新模式。2007 年，东南大学相继与江苏省 13 个地级市建立了产学研全面合作关系，并建立了常州研究院、无锡分校科技创新平台、江阴新材料研究院等科研部门。这些举措有力地推动了东南大学产学研合作进入以共建区域创新平台为标志的新阶段。到 2011 年，东南大学已经完成了"产学研从教授的个体行为到学校集体行为的转变"，形成了"三个圈层"产学研合作新模式，即与地方执政建设的区域研究院——与地方政府、企业或企业联盟合作建立的专业研究院——与地方企业联合建立的产学研联合研究中心。三个圈层相辅相成，分别专注于区域、行业、企业范围的产学研合作，推动了东南大学的产学研发展。

江苏省区域创新体系进入成熟期之后，东南大学进一步深化了产学研合作网络，与各地政府和企业达成产学研合作。从东南大学的产学研发展过程中可以看出，江苏省的创新网络在成长期保持高速发展，并在成熟期保持稳定，强大的创新网络大大推动了江苏省的成果转化和核心技术的研发。基于高校这一强大的知识源，江苏省内的产学研创新网络已经成为该区域进行创新活动的重要平台，创新网络为创新组织的发展提供并整合了技术资源，使得省内的高校、科研机构、企业都开始打破原有的边界，建立起合作关系。近年来，江苏省加快建设创新型省份、推进科技创新工程，产学研工作取得了较好的成绩。2018 年，江苏省高校和科研院所经费内部支出额中来自企业的资金额达到43.2 亿元，仅低于北京市，来自企业的资金比例达到了 15.75%，位列全国第 8。

（2）强有力的政府政策支撑

江苏省创新网络的快速发展离不开强有力的政府政策支撑。2006 年，《国家中长期科学和技术发展规划纲要》提出"建立以企业为主体，市场为导向，产学研相结合的技术创新体系",产学研合作的重要性受到了国家层面的肯定,成为实现技术突破性创新的一个关键手段。2010年,从战略层面出发,国务院制定了长三角地区发展规划纲要,将其定位为亚太地区的门户及全球服务业和制造业的中心。作为长三角经济较为发达的地区,江苏省将产学研政策摆在重要的位置。以我国将产学研提升到国家层面的2006年作为一个政策起点,选取"产学研""产教融合""产学研一体化""产学研合作模式"等关键词,在江苏省教育局、科技厅、财政厅、经信委等相关网站,采取关键词检索及人工筛选的方法对2006~2018年间的政策文本进行过滤,最终收集的江苏省每年颁布的与产学研相关的政策文件数如图6-40所示。

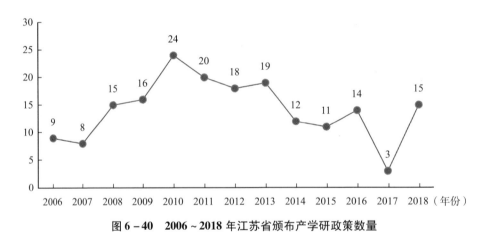

图6-40 2006~2018年江苏省颁布产学研政策数量

资料来源:江苏省教育局、科技厅、财政厅、经信委、人民政府网。

2010年是江苏省进行产学研相关研究的高峰期,相关政策文件有24个。2012~2018年间,江苏省的区域创新体系发展进入成熟期,产学研发展相对稳定,围绕"企业是主体、产业是方向、人才是支撑、环境是保障"的基本工作思路,以企业为主体、市场为导向,产学研深度融合的技术创新体系逐渐形成。

(3)领先发展的科技创新服务机构

科技创新服务机构是更好地进行创新活动的保证,创新服务机构的发展标志着创新网络的进一步发展。2005年，江苏省政府提出了《江苏省科技创新服务体系建设项目管理办法（试行）》，2006年制定了《江苏省高技术研究重点实验室管理办法》，2009年制定了《江苏省示范生产力促进中心认定和管理办法》，2011年制定了《江苏省认定企业技术中心管理办法》。在之后的几年里陆续颁布了《省政府办公厅关于公布首批江苏高校协同创新中心的通知》《省政府办公厅关于公布第二批江苏高校协同创新中心的通知》《省政府印发关于加快推进产业科技创新中心和创新型省份建设若干政策措施的通知》等文件，加快构建科技创新服务机构。创新平台的蓬勃发展畅通了创新主体之间的知识流通渠道，江苏省的创新网络得以加强，科研创新服务机构逐渐规范化。

6. 创新资源演化分析

如何获取创新资源、在区域内聚集优质的创新资源是推动区域创新发展必须考虑的问题。从江苏省科技创新的生命周期识别结果来看，江苏省的创新资源要素在成长期的评分并不高，进入成熟期之后对创新的促进作用开始增强。

（1）持续高质量的人力资源投入

近年来，江苏省经济发展迅速，创新能力不断加强。作为创新知识载体的人力资源也迅猛发展。2009～2018年间，江苏省的研发人员全时当量一直位居全国前两位，仅低于广东省，且在2015年和2016年超过广东省成为第一名。从增长率来看，江苏省的人力资源在进入成熟期后仍保持较高水平的增长，虽然近几年增长率有所下降，但仍旧能保持每年正增长（见图6-41）。

江苏省的科技人员投入量较高，但相比北京、广东、上海，江苏省成长期的高技术人才水平并不理想。引进外部创新人才，培育本土创新人才，提升企业的技术水平，加快企业在前沿产业的创新发展是提升创新资源的重要手段。但在成长期，一方面，江苏省引进的创新人才总量不多，创新政策不够完善；另一方面，一些企业的内部晋升途径不明确，即使通过政策吸引创新人才，也无法真正实现创新价值。为解决江苏省在高技术人才方面的困难，江苏省主要实施了以下几个方案。

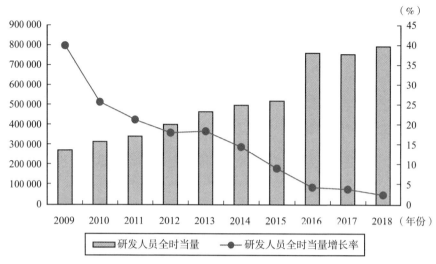

图 6 - 41 2009~2018 年江苏省科技创新人力资源情况

资料来源：《中国区域创新能力评价报告》。

首先，加快创新人才平台的建设。在科技创新成长期，江苏省专注于不断建设科技创新平台。2009~2011 年间，在电子信息、农业科技和医疗卫生等领域共发布了超过 20 个关于创建创新平台的文件。步入成熟期后，江苏省开始将重点转移到重大创新平台、前沿创新平台的建设和已有创新平台的整合中。江苏省的创新平台发展经历了从追求数量到高质量发展的过程。如表 6 - 3 所示，通过政策支持，江苏省在创新人才平台的建设上取得了较好的成绩，为引进创新人才以及对本土创新人才的发展提供了保障。

表 6 - 3　　　　　　　2009~2018 年江苏省高端人才和创新人才平台建设　　　单位：个

创新平台	2009年	2010年	2011年	2012年	2013年	2014年	2015年	2016年	2017年	2018年
中国科学院和中国工程院院士	92	98	90	90	93	90	96	97	100	98
政府部门所属独立研究与开发机构	149	149	149	148	148	148	144	144	450	466

续表

创新平台	2009年	2010年	2011年	2012年	2013年	2014年	2015年	2016年	2017年	2018年
国家和省级重点实验室				105	102	97	97	170	168	171
科技服务平台	1 061	2 048	2 360	296	303	278	290	294	294	277
工程技术研究中心				2 141	2 480	2 748	2 989	3 126	3 263	3 404
企业院士工作站				326	337	328	329	244	359	326
经国家认定的技术中心	37	21	54	67	74	75	95	104	110	117

资料来源：《中国区域创新能力评价报告》。

其次，在创新人才引进方面，江苏省从省级层面到市级层面不断引进创新型人才。2012年，江苏省通过苏北创业领军人才奖励办法吸引掌握关键技术、拥有自主知识产权、能引领带动苏北产业发展的人才。2015年，对该计划进一步推动，从基础型人才、应用型人才、高层次人才、企业管理人才、高技能人才等多方面同时引进创新人才，完善江苏省创新人才政策体系。此外，江苏省通过"创新人才推进计划"不断引进创新人才，通过政策补贴奖励高水平科技创新人才，增强科技人员的荣誉感、使命感，激发科技创新人员的创新潜力。同时，加大对本土人才的培养，完善现有人才的使用机制，颁布了《省政府关于印发江苏高水平大学建设方案的通知》《省政府办公厅关于深化产教融合的实施意见》等政策性文件。在江苏省政府的政策推动下，创新人才引进、培养、发展方案更加明确，创新资源水平不断增强。

（2）不断加大财力资源投入

从江苏省创新科技生命周期识别数据来看，在成长期，创新资源投入并不高，处于中等水平。随着江苏省创新体系的发展，创新财力资源投入不断加强，从图6-42可以看到，财政科技拨款占财政支出的比例逐渐加大，从2.91%增长到4.55%。在研发经费投入强度上，江苏省的经费投入强度仅超过了广东省，与北京市和上海市相差较大，但其研发经费投入强度不断增长（如图6-43所示）。在创新资源投入方式上，江苏省主要通过增加创新资金加大创新财力资源的投入。政府在创新资源的发展中表现出直接、显著的主导性地位。

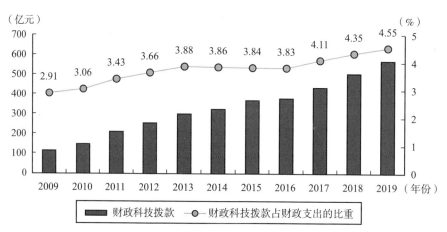

图 6 - 42　2009 ~ 2019 年江苏省创新科技财政支出情况

资料来源：江苏科技统计网。

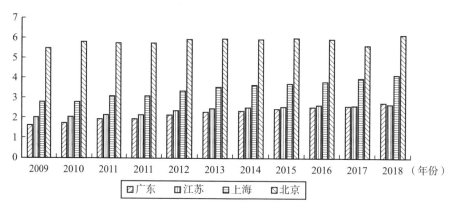

图 6 - 43　2009 ~ 2018 年江苏省研发经费投入强度

资料来源：《中国区域创新能力评价报告》。

7. 江苏省案例总结

江苏省作为我国经济发达的省份之一，在创新中表现十分活跃，在 2012 年已经到达了成熟期。2009 年至今的十几年中，江苏省曾面临国内外竞争压力、成果转化、资源投入不足等问题，但通过一系列政策方案，在不同的阶段培养不同区域的创新能力，江苏省创新体系得以更好地发展。图 6 - 44 概括了江苏省在成长期和成熟期面临的困难和主要培养能力。

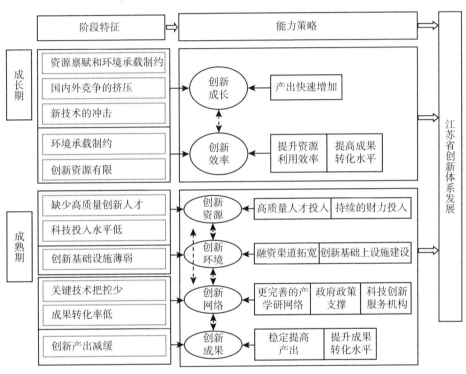

图 6 - 44 江苏省科技创新体系发展成长期和成熟期案例总结

五、本章小结

为了进一步验证本研究构建的区域创新体系生命周期能力要素演化模型，基于中国区域创新体系生命周期阶段的识别结果，本章选取了海南省、山西省、重庆市和江苏省四个处于区域创新体系生命周期不同发展阶段和发展过程中的典型省份进行深入分析。其中，海南省作为初生期的典型案例，本章针对其创新资源、创新环境和创新成长能力要素的演化情况进行分析。山西省作为"初生期—成长期"典型案例，本章对在初生期和成长期发挥主导作用的创新能力要素，即创新资源、创新环境、创新成长和创新效率要素的演化情况展开分析。重庆市作为成长期的典型案例，本章对其创新效率和创新成长要素的演化情况进行讨论。选取江苏省作为"成长期—成熟期"的典型案例，对成长期和成熟期的区域主导创新能力要素的演化进行讨论，具体包括创新成长、创新效率、创新环境、创新资源、创新网络和创新成果要素。

通过对上述四个典型区域在生命周期不同阶段主导能力要素的演化情况进行分析，结果表明：一方面，区域创新能力要素在创新体系发展过程中的地位和作用会随着区域发展阶段的变化而改变；另一方面，案例分析的结果进一步验证了区域创新体系能力要素模型与生命周期的适配关系，即区域创新能力要素演化模型的合理性。在此基础上，本章总结了四个省份在当前生命周期阶段区域创新体系的发展情况，并针对其所面临的困难提出具体的能力策略，以推动区域创新体系实现可持续发展的目标。

第七章

区域创新体系研究的
主要结论及未来展望

一、主要结论

区域创新体系演化发展研究一直是学者们研究的热点。当前，国内外学者基于创新能力适配，从概念、结构、运行机制等方面对其进行了详细探讨。但总体来看，关于区域创新体系的概念、运行结构没有形成清晰、逻辑严密的系统性分析结果，对区域创新体系演化过程和创新能力要素的分析不够深入。因此，本研究将生命周期理论引入区域创新体系的分析中，将区域创新体系的创新能力要素分析、生命周期创新能力要素演化规律分析和生命周期阶段识别，集成到一个总体框架中进行研究，使区域创新体系的研究实现了从现象描述向动态机理分析的跨越。通过揭示区域创新体系生命周期创新能力要素的动态演化规律，基于演化规律建立区域创新体系生命周期的识别模型，对我国31个省份所处生命周期阶段进行识别，对国内典型区域进行案例分析，最终得到如下结论。

第一，基于费尔曼、波特和斯特恩以及胡和马休斯的模型，对区域创新体系创新能力的核心要素进行分析，发现区域创新能力可以分为上游和下游两类，其中上游能力要素包括创新环境（S）、创新资源（R），下游能力要素包括创新成果（A）、创新效率（E）、创新成长（G），上下游之间由创新网络（N）连接，形成了区域创新体系创新能力六维要素模型。结合已有研究范式，依据系统性、科学性、动态和静态相结合以及可操作性的原则，通过文献和政策报告进行指标初筛，再由问卷调研、专家咨询和因子分析等对指标进行优化，最终得到了以六大维度的创新能力要素为一级指标，人均国内生产总值水平和互联网用户数等28个因素作为二级指标的区域创新体系创新能力要素评价指标体系。

第二，基于构建的区域创新能力要素模型，在区域创新体系分析框架中引入生命周期的概念，对区域创新体系创新能力要素生命周期演化过程和各阶段六类创新能力要素的特点进行研究。使用问卷调研数据进行实证，发现区域创新体系不同生命周期阶段的主导能力不同，并得到了区域创新体系生命周期创新能力要素演化动态路径为：初生期起主导作用的创新能力要素是创新资源、创新环境和创新成长；成长期起主导作用的是创新效率和创新成长；成熟期起主导作用的是创新环境、创新资源、创新网络和创新成果；区域创新体系生命周期最后一个阶段——衰退/再生期则是以创新网络为主导。

第三，根据区域创新体系指标体系和生命周期理论对区域创新体系的演化阶段进行划分，在确定区域创新体系关键要素的基础上，分析了生命周期各阶段的特征，并以我国31个省域创新体系2009~2018年的数据为例，采用基于客观熵权法与主观模糊综合评价法的组合评级法，对区域创新体系所处生命周期阶段进行了识别。研究发现：从选取的我国31个省域的创新体系中仅有北京的区域创新体系一直处于成熟阶段，上海、浙江等5个省份的创新体系从成长期发展为成熟期。安徽、河南等8个省份的创新体系一直处于成长期，福建、河北等11个区域创新体系从初生期发展为成长期，尚有海南、内蒙古等6个区域一直处于初生期。总的来说，选取的31个省份所处的生命周期阶段表现为："东部沿海地区—中部地区—西部地区"所处生命周期阶段分别对应"成熟期—成长期—初生期"，区域创新体系和地理位置、经济发展水平、产业结构等表现出相似的东强西弱的特性。

第四，在对我国各省份区域创新体系生命周期识别的基础上，分别筛选出四个阶段对应的典型省份：江苏省、重庆市、山西省、海南省，并对这四个省份的基本情况和六维区域创新能力要素进行分析。研究发现，区域创新体系所处生命周期阶段与各地区经济发展、地理人文特征、产业结构和政策引导等因素联系密切，江苏省针对创新体系不同阶段，有针对性地创新环境、利用发展资源网络，因此，成功进入成熟期；处于成长期的重庆市则重点扶持了新型产业带动创新成长和效率提升；成功实现从初生期到成长期的山西省，通过发展区域创新环境、创新成长和创新效率，推动区域创新体系发展；海南省由于创新资源和创新成果较差，仍处于初生期。总体来看，各生命周期阶段的主导特征因素差异显著，演化过程虽在不同区域创新体系中表现出差异，但基本上与区域创新体系生命周期创新能力演化修正模型一致。

二、区域创新体系运行的政策建议

基于区域创新体系生命周期创新能力要素演化模型和生命周期理论各阶段的六大创新要素的特点，以及对海南省、山西省、重庆市和江苏省四个省份区域创新体系发展阶段和发展特点的分析，认为应综合考虑区域创新体系发展的阶段性特征与各阶段所处的区位条件及经济实力，培养相应的创新能力，推动创新体系有效发展。

（一）区域创新体系发展战略

区域创新体系的发展有其自身的规律，各个创新要素的发展过程是内生的且与生命周期演变阶段相一致。因此，对于处于不同发展阶段的省份而言，不能片面要求聚焦于某项创新能力的提升，而忽略了区域创新体系自身的发展过程。对于省份之间的对比，不应该只选择某几项指标（例如创新产出增长率、人均创新产出水平）作为衡量其发展的标准。

基于上述研究结论，对于各个阶段的战略发展建议如下。

第一，对于初生期的区域创新体系而言，其创新效率较低，因此对政策支持等创新资源的调配不宜追求面面俱到。首先，在创新环境不足以支撑创新资源有效配置的情况下，可以由政府部门主导创新资源的调配工作。因此，地方政府应当首先确定区域优势产业，充分挖掘区域创新发展的优势领域，利用行政力量推动创新资源向特定产业和企业聚集，从而形成突破创新。其次，政府部门应当为这些存在创新突破可能性的企业保驾护航，重点加强区域创新环境的建设，包括区域内群体的思维方式、价值观念、法规制度等软环境建设以及基础设施、专业服务、知识基础等硬环境基础设施建设，以确保这些企业实现创新成果的突破，形成产业和行业领先优势。其中，知识基础包括数据库、信息网络等，不同数据库组成的区域信息系统和广泛的信息网络为创新主体提供了所需的技术知识。通过营造良好的创新环境，不断吸引资金与人才向区域内集聚，更有效地提高区域的创新能力。最后，政府应当积极发挥调动公共资源的能力，尝试通过创新补贴、创新采购等方式向社会发出明确信号，从而吸引社会资源在政府引导下向这些产业和行业聚集。总之，对于处于初生期阶段的区域创新体系，当地政府应当积极参与创新体系建设，发挥主导作用。

第二，处于成长期的区域创新体系应注重培育区域创新资源、创新网络，提高创新成果产出，并以实现向成熟期转换为发展重点。在经历了初生期的发展之后，区域创新体系已经实现了个别领域、个别点的突破，并培养了少数行业内的领先企业，形成了区域创新体系未来发展的基础。相应的，区域创新软、硬环境也逐渐完备，创新资源和人才开始加速聚集，区域创新体系发展速度也随之提高。然而，随着技术更新迭代加快和产品复杂化程度提高，政府缺乏足够的信息继续主导区域创新资源的配置，应当实现从引导者向监管者的身份转变。同时，由于创新环境仍未完善，创新基础设施尚未全面覆盖，创新资源并不能实现高效率的配置。因此，在这一阶段，政府的主要战略方向在于着重优化创新资源配置，以提高创新效率。首先，政府应将一部分创新资源配置角色让位给市场，利用市场力量发掘创新机会。为了保护初创企业和未来的优势产业，在保证优势产业健康发展的基础上，也应当引导资金投向小微企业，着力避免出现创新资源仅在大企业流动，而小微企业创新乏力的现象。其次，政府可通过建设高效的创新主体网络，借助产业集群效应、协同效应等，建设多种形式的创新联盟，并通过不断完善对创新网络的监管机制，搭建创新合作网络，进而形成资源共享与成果交易两大创新合作平台，实现创新资源的优化配置，使区域创新体系获得短期竞争优势。总而言之，这一阶段政府的主导力量减弱，但也不能完全放任市场配置创新资源，而要以监管者和引导者并存的方式来推动区域创新体系向成熟期迈进。

第三，对于成熟期的区域创新体系，创新资源、创新环境、创新效率等方面均处于较高水平，属于区域创新体系的最高发展阶段。区域创新体系本身是依附于产业体系发展的，产业发展受行业自身特点影响，并不能实现恒久的增长，这一阶段的区域创新体系需要特别注意创新成长能力。市场可以较为有效的配置创新资源，识别大型企业和小微企业的创新机会，但是对颠覆性和革命性的技术则准备不足，这些破坏性创新运行的逻辑与现有的资源配置方式不相融合。因此，政府等部门应当特别注意避免创新资源仅在现有产业内部流动，应当加强向其他产业辐射，为抢抓科技创新战略制高点提供支持。一个典型的例子是欧美日等国的区域创新体系发展较为成熟，对革命性技术实行了大量的扶持补贴政策。在这一阶段，政府应重点加强与外界合作，实施技术转移，扩大创新辐射的腹地，从而为实现地区产业升级提供丰富的创新资源与广阔的市场空间。其次，人才作为创新资源第一要素，政府应采取切实有效的措施，为人才提供广阔的发展空间。通过营造良好的区域创新环境和商业规则，吸引充足的资金，以实现关键领域与基础科学创新水平的提升，使区域具有长期的创新竞争力。最后，在发挥创新体系均衡发展优势的同时，也应加强创新环境、创新资源与创新网络间的相互联系，进而保持创新投入与增长的可持续性，提高创新效率的成长。通过资源的优化配置以及加强创新主体间的创新合作，加速创新成果转化，不断创造出新技术、新产品，使区域创新体系获得长期竞争优势。在这一阶段，政府的角色主要以监管者为主，只有在面临革命性和颠覆性技术冲击等情况下，才需要加以引导和支持。

第四，在经历了成熟期阶段之后，部分区域创新体系可能进入衰退期。通常而言，产业升级和环境改变等外部因素的作用以及区域创新体系内部的发展规律，例如技术冲击和"搭便车"行为等，削弱了区域创新的优势，打击了现有的产业体系，使得区域创新体系内部无法实现良性循环，从而走向衰退。依据理论和实证分析的结果，在外部因素发生改变后，应当重点关注如何改善创新网络，积极主动地适应新环境，强化区域内外之间的信息交流，积极引进创新型人才，打破原有的固定创新网络和原有的产业格局。由于区域创新体系有其自身发展规律，因此越到成熟阶段后期，衰退的力量越强大，应避免地方保护主义，在接纳新技术、新产业的同时，要逐步淘汰落后产业，培育新动能、新创新，以早日实现从衰退期到再生期的转变。

第五，除了依据区域创新体系四个阶段的特点，有针对性地培育主导能力外，还需要重点关注区域创新体系与区域产业和经济发展之间的适应性。东部沿海省份的区域创新体系发展普遍处于成长期或成熟期，自身产业发展水平和区域创新水平较高，应当依托自身产业集群和创新集群优势，瞄准未来产业发展方向，积极寻求国家政策支持，以实现向成熟期的转变。位于中部地区的省份大多处于从初生期向成长期的转变阶段，需要引导创新对地区支柱产业支持，布局新兴产业，而西部省份则应该着力发掘自身特色优势产业，培育本土创新企业，不必盲目追求全面发展。

（二）区域创新政策的完善

通过案例分析可以发现，不论是处于成熟期还是初生期阶段的地区，均在积极推进人才引进、创新补贴等政策的实施，但是整体来看，区域创新体系的发展作用存在较大差异，因此各地区宜根据自身区域创新体系所处的阶段，做出针对性的调整。

1. 以产业发展为根基，调整产业结构

区域创新体系依附于产业体系而存在，所构建的知识体系也建立在特定产业之上。对于处于区域创新体系早期的地区而言，关键在于挖掘出优势产业。地方政府应当从地理位置、自然资源和技术水平等方面确定优势产业，从而为区域创新体系建设打下基础。现有的区域产业发展方向通常与地区自身的禀赋优势相违背，例如各地区均在推动数字产业和新能源产业。而作为典型资源大省的山西，地方产业以煤炭资源开采和初级加工为主，其发展前景较小，制约了区域创新体系发展。后来，山西省思路，以高新技术产业为方向，区域创新体系才得以从初生期进入成长期。相应的，海南省直到近几年才开始确立以旅游、健康产业为发展方向并进行相应的投入，因此还停留于初生期。

2. 优化人才引进战略，强化本地人才培育

通常而言，处于初生期的区域创新体系缺乏足够的创新资源，尤其是缺乏创新人才，而成长期和成熟期则创新人才较为充足。依据实证结果，经济发达的省份对创新人才的吸引能力较强，而落后地区则相对较弱。首先，对于区域创新体系处于早期阶段的省份，应当进行差异化的人才吸引竞争战略，以吸引建设家乡、有志于落后地区发展的创新人才，同时与先行的区域协调发展战略进行配套。其次，具体化人才引进方向。从海南省的案例分析可以看到，缺乏足够的财政投入、没有人才引进的长远目标，导致引进科技人才的具体标准和措施不明确，物质奖励和精神激励政策不足。在财政投入不足的情况下，应当侧重地区优势产业，着力吸引特定领域的创新人才，而不是单纯地以学历和研究成果为考核标准、缩小人才引进的范围。最后，强化本地人才培养。由于地方高校受地方政府和当地教育部门双重管理，因此，学科体系建设并不一定以服务地方产业发展为目标，相应地也无法为本地区的区域创新体系培养足够的人才。应当强化对本地创新人才培养方式的引导力度，以提高本地人才对区域创新体系的支撑作用。

3. 重视小微创新主体，完善创新补贴

从案例分析可以看到，海南和山西等处于区域创新体系早期的省份，对创新的扶持政策偏重于科技成果产业化之后的收益，这些创新政策无助于培育创新主体，创新资源只能局限于现有的产业。江苏省和重庆市对创新主体的重视程度高，建立了大量高新技术产业孵化园，实现创新补贴等政策引导创新资源，因此得以培育一大批领先企业。政府应当重视创新主体的培育，引导创新资源向未来优势产业的聚集，加大对具备突破性创新的企业扶持，完善补贴方式。

4. 优化创新环境，找准阶段重点

良好的创新环境是区域创新体系健康发展的关键，而创新基础设施需要大量的资金投入。只有处于成熟期的区域创新体系才能得以建立，而处于区域创新体系演化早期阶段，则无法构建完善的创新环境，需要依据演化阶段找准创新环境建设重点。处于创新体系初生期的海南省的区域创新环境，整体上不足以支撑区域创新体系健康发展，金融市场难以有效配置创新资源。因此，政府应当发挥主导作用，积极引导创新资源配置，辅助以强化基础设施。山西省在处于区域创新体系成长期之后，开始完善金融市场，促进市场对创新资源的配置。处于创新体系成熟期的江苏省，其创新环境建设的关键在于构建领先的基础设施，同时发挥政府职能，补充市场不足。

5. 区域创新体系建设应当与国家发展战略和扶持政策相配合

山西省借助中央部委有关政策的支持，大力推动创新环境建设，完善电信网络，申请知识产权示范城市，作为内陆省份、资源省份和北方省份，进入区域创新体系的成长期。相比而言，海南省享受了更多的政策扶持，但是其基础设施建设等方面较为落后，区域创新体系发展并没有与国家发展战略和扶持政策相适用。

三、区域创新体系未来展望

受时间、所获取资料和现有资源设备的制约，本研究仍旧存在一些不足之处，需要在后续工作中进一步研究和分析。

第一，受限于项目时间，只分析了江苏、重庆、山西和海南四个省份，主要分析了各省份在当前发展阶段的主导创新能力。后续可对全部省份当前存在的主要问题、主导能力和未来发展方向分别进行具体分析。

第二，从区域创新体系创新能力的角度进行分析，聚焦于区域创新体系内部，未来可以将影响区域创新体系的外部因素纳入分析框架，更全面地对区域创新体系进行分析。

第三，扩充区域内涵。当前，区域创新体系生命周期识别的相关研究主要是针对我国省级行政区域进行的，在后续的研究中可以将此拓展至我国城市层面的分析。

附录 1　区域创新能力指标体系专家评议表

尊敬的专家：

您好！我们正在进行"区域创新能力指标体系构建研究"。初始指标体系的构建采用专家咨询法，主要目的是为了借助专家的专业知识，以构建一个全面、科学的创新能力指标体系。因此，我们希望借助您扎实的理论知识和丰富的实践经验，对本研究的指标体系构成进行评分，希望您在百忙之中予以帮助！

本调查共分为三个部分：一、专家基本信息调查；二、区域创新能力指标可行性调查；三、专家对指标的熟悉度和判断依据调查。请您按照真实想法进行评分即可，非常感谢您的支持与帮助！

一、专家基本信息

1. 您的性别

○ 男　　　　　　　　○ 女

2. 您的年龄

○ 40 岁以下　　　○ 41～50 岁　　　○ 51～60 岁　　　○ 61 岁以上

3. 您的职称

○ 讲师及下　　　○ 副教授　　　　○ 教授　　　　　○ 助理研究员

○ 副研究员　　　○ 研究员

4. 您的学历

○ 专科以下　　　○ 本科或专科　　○ 硕士研究生　　○ 博士研究生

5. 您的研究方向

6. 您的单位

二、区域创新能力指标可行性调查

说明：在本研究中，主要通过测区域创新资源、创新环境、创新网络、创新成果、创新效率、创新成长六类一级指标反映区域整体的创新能力水平。请您对下列每个二级指标的重要性进行评分。

一级指标	二级指标	调查内容	非常不重要=1	不重要=2	不确定=3	重要=4	非常重要=5	您的修改建议
创新环境	人均国内生产总值水平	地区经济发展						
	城市化水平	地区社会环境						
	互联网用户数	信息基础设施						
	6 岁及以上人口中大专以上学历占比	劳动者素质						
	第三产业增加值占国内生产总值比例	地区的产业结构						
	规模以上工业企业研发经费内部支出额中平均获得金融机构贷款额	企业研发的金融环境						
创新资源	研发人员数	科技人力投入						
	研发经费内部支出	研发经费投入						
	研究开发机构数量	创新载体						
	规模以上工业企业研发人员数	企业科技人力投入						
	规模以上工业企业研发经费内部支出总额	企业研发经费投入						
创新成果	国际论文数	地区在国际期刊发表论文的水平						
	发明专利授权数	高校和科研院所的技术研发水平						
	获科技创新奖励数	地区科技创新产出						
	规模以上工业企业新产品销售收入	企业的新产品开发能力						
	技术市场技术输出地域的合同金额	地区的技术输出成果						

一级指标	二级指标	调查内容	非常不重要=1	不重要=2	不确定=3	重要=4	非常重要=5	您的修改建议
创新网络	技术市场技术流向地域合同金额	地区技术流动						
	高校和科研院所研发经费内部支出额中来自企业资金的比例	企业与高校、科研院所的合作						
	大中型工业企业购买国内技术成交额	国内地区间技术交流水平						
	每十万人作者同省异单位合作科技论文数	地区内不同单位间的知识合作						
	每十万人作者异省合作科技论文数	不同地区间的知识合作水平						
	每十万人作者异国合作科技论文数	地区与国际机构的知识合作水平						
	人均外商投资企业年底注册资金中外资部分	外资利用情况						
创新效率	每十万人平均发表的国际论文数	地区每十万人国际论文发表水平						
	每亿元研发经费内部支出产生的发明专利授权数	地区高校和科研院所每亿元研发经费内部支出的技术研发水平						
	每万人平均发明专利授权数	地区高校和科研院所人均技术研发水平						
	规模以上工业企业每万名研发人员平均新产品销售收入	企业每万名研发人员的新产品开发能力						
创新成长	国内生产总值增长速度	地区产出增长						
	研发人员发展全时人员当量增长率	地区的科技人力投入的增长						
	研发经费内部支出增长率	地区的研发经费投入的增长						

续表

一级指标	二级指标	调查内容	非常不重要 = 1	不重要 = 2	不确定 = 3	重要 = 4	非常重要 = 5	您的修改建议
创新成长	国际论文数增长率	地区在国际期刊发表论文的增长						
	发明专利授权数增长率	高校和科研所技术研发水平增长						
	规模以上工业企业新产品销售收入增长率	企业新产品开发能力增长						
	规模以上工业企业研发经费内部支出总额增长率	企业研发经费投入增长						

三、指标熟悉度和判断依据调查

1. 您对各指标内容的熟悉程度

○ 非常熟悉　　　○ 比较熟悉　　　○ 熟悉　　　○ 不太熟悉

○ 很不熟悉

2. 您的判断依据

指标判断依据	依据程度		
	大	中	小
实践经验			
理论分析			
同行了解			
直观选择			

附录 2 区域创新能力指标体系调查问卷

我们正在从事一项有关"区域创新能力指标体系"的研究，请您用几分钟的时间回答以下问题。以下列举了构成区域创新能力指标体系的二级指标。

本调查共分为两个部分：一、被调查者基本信息调查；二、区域创新能力指标体系二级指标重要程度调查。请按您认为的重要程度，进行选择。非常感谢您的支持与帮助！您的回答将完全保密。所有问卷的数据将整体进行处理，仅仅作为研究之用。

一、被调查者基本信息

1. 您的性别

○ 男　　　　　　　○ 女

2. 您的年龄

○ 35 岁以下　　　○ 36～45 岁　　　○ 46 岁以上

3. 您的身份

4. 您的学历

○ 专科以下　　　○ 本科或专科　　　○ 硕士研究生　　　○ 博士研究生

二、二级指标重要程度调查

1. 人均国内生产总值水平（元）—衡量一个地区的经济发展水平

非常不重要　　　　○ 0　　　　　　　○ 1　　　　　　　○ 2

○ 3　　　　　　　○ 4　　　　　　　○ 5　　　　　　　非常重要

2. 互联网用户数（万人）—衡量信息基础设施条件

非常不重要　　　○ 0　　　　　　○ 1　　　　　　○ 2

○ 3　　　　　　○ 4　　　　　　○ 5　　　　　非常重要

3. 6 岁及 6 岁以上人口中大专以上学历所占的比例（%）—衡量一个地区的劳动者素质

非常不重要　　　○ 0　　　　　　○ 1　　　　　　○ 2

○ 3　　　　　　○ 4　　　　　　○ 5　　　　　非常重要

4. 第三产业增加值占国内生产总值的比例：衡量一个地区的产业结构

非常不重要　　　○ 0　　　　　　○ 1　　　　　　○ 2

○ 3　　　　　　○ 4　　　　　　○ 5　　　　　非常重要

5. 规模以上工业企业研发经费内部支出额中平均获得金融机构贷款额（万元/个）—衡量企业研发的金融环境

非常不重要　　　○ 0　　　　　　○ 1　　　　　　○ 2

○ 3　　　　　　○ 4　　　　　　○ 5　　　　　非常重要

6. 研究与试验发展人员数（人）—衡量一个地区的科技人力投入情况

非常不重要　　　○ 0　　　　　　○ 1　　　　　　○ 2

○ 3　　　　　　○ 4　　　　　　○ 5　　　　　非常重要

7. 研究与试验发展经费内部支出（万元）—衡量一个地区的研发经费投入情况

非常不重要　　　○ 0　　　　　　○ 1　　　　　　○ 2

○ 3　　　　　　○ 4　　　　　　○ 5　　　　　非常重要

8. 规模以上工业企业研究与试验发展人员数（人）—衡量企业的科技人力投入能力

非常不重要　　　○ 0　　　　　　○ 1　　　　　　○ 2

○ 3　　　　　　○ 4　　　　　　○ 5　　　　　非常重要

9. 国际论文数（篇）—衡量一个地区在国际期刊发表论文的水平

非常不重要　　　○ 0　　　　　　○ 1　　　　　　○ 2

○ 3　　　　　　○ 4　　　　　　○ 5　　　　　非常重要

10. 规模以上工业企业研发经费内部支出总额（万元）—衡量企业研发经费投入能力

非常不重要 ○ 0 ○ 1 ○ 2
○ 3 ○ 4 ○ 5 非常重要

11. 发明专利授权数（件）—衡量一个地区的高校和科研院所的技术研发水平

非常不重要 ○ 0 ○ 1 ○ 2
○ 3 ○ 4 ○ 5 非常重要

12. 规模以上工业企业新产品销售收入（亿元）—衡量企业的新产品开发能力

非常不重要 ○ 0 ○ 1 ○ 2
○ 3 ○ 4 ○ 5 非常重要

13. 技术市场技术输出地域的合同金额（万元）—衡量一个地区的技术输出成果情况

非常不重要 ○ 0 ○ 1 ○ 2
○ 3 ○ 4 ○ 5 非常重要

14. 技术市场技术流向地域合同金额（万元）—衡量一个地区技术流动情况

非常不重要 ○ 0 ○ 1 ○ 2
○ 3 ○ 4 ○ 5 非常重要

15. 高校和科研院所研发经费内部支出额中来自企业资金的比例—衡量企业与高校、科研院所的合作情况

非常不重要 ○ 0 ○ 1 ○ 2
○ 3 ○ 4 ○ 5 非常重要

16. 每十万人作者同省异单位合作科技论文数（篇/十万人）—衡量地区内部不同单位之间的知识合作

非常不重要 ○ 0 ○ 1 ○ 2
○ 3 ○ 4 ○ 5 非常重要

17. 每十万人作者异省合作科技论文数（篇/十万人）—衡量不同地区之间的知识合作水平

非常不重要　　○ 0　　　　○ 1　　　　○ 2
○ 3　　　　○ 4　　　　○ 5　　　　非常重要

18. 每十万人作者异国合作科技论文数（篇/十万人）—衡量一个地区与国际机构的知识合作水平

非常不重要　　○ 0　　　　○ 1　　　　○ 2
○ 3　　　　○ 4　　　　○ 5　　　　非常重要

19. 人均外商投资企业年底注册资金中外资部分（万美元）—衡量利用外资的情况

非常不重要　　○ 0　　　　○ 1　　　　○ 2
○ 3　　　　○ 4　　　　○ 5　　　　非常重要

20. 每十万人平均发表的国际论文数（篇/十万人）—衡量一个地区每十万人在国际期刊发表论文的水平

非常不重要　　○ 0　　　　○ 1　　　　○ 2
○ 3　　　　○ 4　　　　○ 5　　　　非常重要

21. 每亿元研发经费内部支出产生的发明专利授权数（件/亿元）—衡量一个地区高校和科研院所每亿元研发经费内部支出所产生的技术研发水平

非常不重要　　○ 0　　　　○ 1　　　　○ 2
○ 3　　　　○ 4　　　　○ 5　　　　非常重要

22. 每万人平均发明专利授权数（件/万人）—衡量一个地区高校和科研院所人均技术研发水平

非常不重要　　○ 0　　　　○ 1　　　　○ 2
○ 3　　　　○ 4　　　　○ 5　　　　非常重要

23. 规模以上工业企业每万名研发人员平均新产品销售收入（元/人）—衡量企业每万名研发人员的新产品开发能力

非常不重要　　○ 0　　　　○ 1　　　　○ 2
○ 3　　　　○ 4　　　　○ 5　　　　非常重要

24. 研究与试验发展人员发展全时人员当量增长率（％）—衡量一个地区的科技人力投入的增长情况

非常不重要　　　○0　　　　　○1　　　　　○2

○3　　　　　○4　　　　　○5　　　　　非常重要

25. 研究与试验发展经费内部支出增长率（％）—衡量一个地区的研发经费投入的增长情况

非常不重要　　　○0　　　　　○1　　　　　○2

○3　　　　　○4　　　　　○5　　　　　非常重要

26. 国际论文数增长率—衡量一个地区在国际期刊发表论文的水平增长情况

非常不重要　　　○0　　　　　○1　　　　　○2

○3　　　　　○4　　　　　○5　　　　　非常重要

27. 发明专利授权数增长率—衡量一个地区的高校和科研院所的技术研发水平增长情况

非常不重要　　　○0　　　　　○1　　　　　○2

○3　　　　　○4　　　　　○5　　　　　非常重要

28. 规模以上工业企业新产品销售收入增长率—衡量企业的新产品开发能力增长情况

非常不重要　　　○0　　　　　○1　　　　　○2

○3　　　　　○4　　　　　○5　　　　　非常重要

29. 规模以上工业企业 R&D 经费内部支出总额增长率—衡量企业研发经费投入能力增长情况

非常不重要　　　○0　　　　　○1　　　　　○2

○3　　　　　○4　　　　　○5　　　　　非常重要

附录3　区域创新体系生命周期创新能力要素演化的调查问卷

本问卷共三部分。第一部分介绍区域创新能力六个要素的定义，以及对区域创新体系生命周期四个阶段的描述；第二部分邀请被调查者简要回答个人情况；第三部分统计被调查者结合自身经验对区域创新生命周期中不同识别指标重要程度的排序情况："最重要"为1，"次重要"为2，以下依次为3、4、5，"最不重要"为6（在问卷涉及生命周期的四个阶段中，六大评价指标的排列顺序是通过随机排列的）。

一、区域创新能力六个要素和区域创新体系生命周期四阶段的相关介绍

首先，借鉴国内外生命周期理论的相关研究成果建立区域创新体系的生命周期过程模型，将区域创新体系的生命周期划分为初生期、发展期、成熟期和衰落/再生期四个阶段。

（1）初生期：初生期是区域创新体系的起始阶段。总的来看，这一阶段的区域创新能力水平不高，区域创新体系还没有建立，但是已经初步形成了产业集群。

（2）成长期：区域创新系统飞速发展，创新能力迅猛提升，各种新技术、新观点、新知识相互传播，知识的快速流动推动着区域创新体系的创新能力飞速提升。

（3）成熟期：区域创新体系经历了成长期的发展，成熟期的区域创新体系的各个组成部分都已发展稳定、体系完善，形成了自己的特色，且运行稳定，创新能力高。

（4）衰落/再生期：衰退/再生期是区域创新体系生命周期的最后阶段，区域创新体系各方面能力要素都开始显著下降。

其次，区域创新体系生命周期识别评价指标体系主要分为以下几方面——6个一级指标：创新环境（S）、创新资源（R）、创新网络（N）、创新成果（A）、创新成长（G）和创新效率（E）。

（1）创新环境（S）：主要指区域内的基础设施环境、市场环境、政策环境、融资环境、文化环境等，同时也包含创造性的氛围，即"创新氛围"。

（2）创新资源（R）：指为保证创新活动的成功而投入的各种生产要素，包括有形要素和无形要素。

（3）创新网络（N）：指在区域内，企业、高校及科研机构、政府、金融机构、中介机构等各经济主体在相互联系与互动的过程中，形成知识流动、扩散和共享，建立起的正式与非正式关系的总和。

（4）创新成果（A）：指区域内的各种创新资源投入所带来的结果。

（5）创新成长（G）：指区域内各创新主体综合运用每单位的资源投入所产出的创新成果数量。

（6）创新效率（E）：指当期区域的创新资源和创新成果要素较上一时期的增加（或减少）情况。

二、被调查者基本信息

1. 您的性别

○ 男　　　　　○ 女

2. 您的年龄

○ 35 岁以下　　○ 36～45 岁　　○ 46 岁以上

3. 您的学历

○ 专科以下　　○ 本科或专科　　○ 硕士研究生　　○ 博士研究生

4. 您的身份

三、区域创新生命周期中不同识别指标重要程度的排序

1. 请从自身经验出发,对以下识别评价指标对于区域创新初生期的重要程度进行排序(请选择全部选项并排序)

□ 创新环境　　　□ 创新资源　　　□ 创新网络　　　□ 创新效率

□ 创新成长　　　□ 创新成果

2. 请从自身经验出发,对以下识别评价指标对于区域创新成长期的重要程度进行排序(请选择全部选项并排序)

□ 创新环境　　　□ 创新资源　　　□ 创新网络　　　□ 创新效率

□ 创新成长　　　□ 创新成果

3. 请从自身经验出发,对以下识别评价指标对于区域创新成熟期的重要程度进行排序(请选择全部选项并排序)

□ 创新环境　　　□ 创新资源　　　□ 创新网络　　　□ 创新效率

□ 创新成长　　　□ 创新成果

4. 请从自身经验出发,对以下识别评价指标对于区域创新衰退/再生期的重要程度进行排序(请选择全部选项并排序)

□ 创新环境　　　□ 创新资源　　　□ 创新网络　　　□ 创新效率

□ 创新成长　　　□ 创新成果

附录 4 区域创新能力要素指标专家打分表

尊敬的专家：

您好！感谢您百忙之中填写调查问卷。这个调查的目的是确定区域创新能力要素指标的权重。请您对以下每部分区域创新能力的具体要素指标明进行评分。感谢您的支持！

1. 创新环境评分

人均国内生产总值水平（元）—衡量一个地区的经济发展水平

非常不重要　　　○ 0　　　　　　○ 1　　　　　　○ 2

○ 3　　　　　　○ 4　　　　　　○ 5　　　　　　非常重要

互联网用户数（万人）—衡量信息基础设施条件

非常不重要　　　○ 0　　　　　　○ 1　　　　　　○ 2

○ 3　　　　　　○ 4　　　　　　○ 5　　　　　　非常重要

6 岁及 6 岁以上人口中，大专以上学历所占的比例（%）—衡量一个地区的劳动者素质

非常不重要　　　○ 0　　　　　　○ 1　　　　　　○ 2

○ 3　　　　　　○ 4　　　　　　○ 5　　　　　　非常重要

2. 创新资源评分

规模以上工业企业研发经费内部支出额中，平均获得金融机构贷款额（万元/个）—衡量企业研发的金融环境

非常不重要　　　○ 0　　　　　　○ 1　　　　　　○ 2

○ 3　　　　　　○ 4　　　　　　○ 5　　　　　　非常重要

研究与试验发展人员数（人）—衡量一个地区的科技人力投入情况

非常不重要　　　○ 0　　　　　　○ 1　　　　　　○ 2

○ 3   ○ 4   ○ 5   非常重要

研究与试验发展经费内部支出（万元）—衡量一个地区的研发经费投入情况

非常不重要 ○ 0   ○ 1   ○ 2

○ 3   ○ 4   ○ 5   非常重要

规模以上工业企业研究与试验发展人员数（人）—衡量企业的科技人力投入能力

非常不重要 ○ 0   ○ 1   ○ 2

○ 3   ○ 4   ○ 5   非常重要

3. 创新成果评分

国际论文数（篇）—衡量一个地区在国际期刊发表论文的水平

非常不重要 ○ 0   ○ 1   ○ 2

○ 3   ○ 4   ○ 5   非常重要

规模以上工业企业研发经费内部支出总额（万元）—衡量企业研发经费投入能力

非常不重要 ○ 0   ○ 1   ○ 2

○ 3   ○ 4   ○ 5   非常重要

发明专利授权数（件）—衡量一个地区的高校和科研院所的技术研发水平

非常不重要 ○ 0   ○ 1   ○ 2

○ 3   ○ 4   ○ 5   非常重要

规模以上工业企业新产品销售收入（亿元）—衡量企业的新产品开发能力

非常不重要 ○ 0   ○ 1   ○ 2

○ 3   ○ 4   ○ 5   非常重要

技术市场技术输出地域的合同金额（万元）—衡量一个地区的技术输出成果情况

非常不重要 ○ 0   ○ 1   ○ 2

○ 3   ○ 4   ○ 5   非常重要

4. 创新网络评分

技术市场技术流向地域合同金额（万元）—衡量一个地区技术流动情况

| 非常不重要 | ○ 0 | ○ 1 | ○ 2 |
| ○ 3 | ○ 4 | ○ 5 | 非常重要 |

高校和科研院所研发经费内部支出额中来自企业资金的比例—衡量企业与高校、科研院所的合作情况

| 非常不重要 | ○ 0 | ○ 1 | ○ 2 |
| ○ 3 | ○ 4 | ○ 5 | 非常重要 |

每十万人作者同省异单位合作科技论文数（篇/十万人）—衡量地区内部不同单位之间的知识合作

| 非常不重要 | ○ 0 | ○ 1 | ○ 2 |
| ○ 3 | ○ 4 | ○ 5 | 非常重要 |

每十万人作者异省合作科技论文数（篇/十万人）—衡量不同地区之间的知识合作水平

| 非常不重要 | ○ 0 | ○ 1 | ○ 2 |
| ○ 3 | ○ 4 | ○ 5 | 非常重要 |

每十万人作者异国合作科技论文数（篇/十万人）—衡量一个地区与国际机构的知识合作水平

| 非常不重要 | ○ 0 | ○ 1 | ○ 2 |
| ○ 3 | ○ 4 | ○ 5 | 非常重要 |

人均外商投资企业年底注册资金中外资部分（万美元）—衡量利用外资的情况

| 非常不重要 | ○ 0 | ○ 1 | ○ 2 |
| ○ 3 | ○ 4 | ○ 5 | 非常重要 |

5. 创新效率评分

每十万人平均发表的国际论文数（篇/十万人）—衡量一个地区每十万人在国际期刊发表论文的水平

| 非常不重要 | ○ 0 | ○ 1 | ○ 2 |

| ○ 3 | ○ 4 | ○ 5 | 非常重要 |

每亿元研发经费内部支出产生的发明专利授权数（件/亿元）——衡量一个地区高校和科研院所每亿元研发经费内部支出所产生的技术研发水平

| 非常不重要 | ○ 0 | ○ 1 | ○ 2 |
| ○ 3 | ○ 4 | ○ 5 | 非常重要 |

每万人平均发明专利授权数（件/万人）——衡量一个地区高校和科研院所人均技术研发水平

| 非常不重要 | ○ 0 | ○ 1 | ○ 2 |
| ○ 3 | ○ 4 | ○ 5 | 非常重要 |

规模以上工业企业每万名研发人员平均新产品销售收入（元/人）——衡量企业每万名研发人员的新产品开发能力

| 非常不重要 | ○ 0 | ○ 1 | ○ 2 |
| ○ 3 | ○ 4 | ○ 5 | 非常重要 |

6. 创新成长评分

研究与试验发展人员发展全时人员当量增长率（%）——衡量一个地区的科技人力投入的增长情况

| 非常不重要 | ○ 0 | ○ 1 | ○ 2 |
| ○ 3 | ○ 4 | ○ 5 | 非常重要 |

研究与试验发展经费内部支出增长率（%）——衡量一个地区的研发经费投入的增长情况

| 非常不重要 | ○ 0 | ○ 1 | ○ 2 |
| ○ 3 | ○ 4 | ○ 5 | 非常重要 |

国际论文数增长率——衡量一个地区在国际期刊发表论文的水平增长情况

| 非常不重要 | ○ 0 | ○ 1 | ○ 2 |
| ○ 3 | ○ 4 | ○ 5 | 非常重要 |

发明专利授权数增长率——衡量一个地区的高校和科研院所的技术研发水平增长情况

| 非常不重要 | ○ 0 | ○ 1 | ○ 2 |

○3   ○4   ○5   非常重要

规模以上工业企业新产品销售收入增长率—衡量企业的新产品开发能力增长情况

非常不重要   ○0   ○1   ○2

○3   ○4   ○5   非常重要

规模以上工业企业研发经费内部支出总额增长率—衡量企业研发经费投入能力增长情况

非常不重要   ○0   ○1   ○2

○3   ○4   ○5   非常重要

参考文献

［1］白嘉.中国区域技术创新能力的评价与比较［J］.科学管理研究,
2012, 30 (1): 15 - 18.

［2］柏明国,付应露,姚毓婷.安徽省城市绿色创新能力评价研究［J］.
创新科技, 2021, 21 (2): 49 - 57.

［3］蔡剑,李洋,刘向东等.基于产业转型特征的企业创新价值评价方
法［J］.中国软科学, 2021 (11): 185 - 192.

［4］曹慧,石宝峰,赵凯.我国省级绿色创新能力评价及实证［J］.管
理学报, 2016, 13 (8): 1215 - 1222.

［5］曹玲燕.基于模糊层次分析法的互联网金融风险评估研究［D］.北
京:中国科学技术大学, 2014.

［6］曹馨匀.基于三角模糊层次分析法的重庆地区建筑低碳化评价指标
体系研究［D］.重庆:重庆大学, 2014.

［7］常涛,李志强,韩牛牛等.基于资源型经济转型的区域科技创新能
力评价研究——以山西省为例［J］.科技管理研究, 2015, 35 (16): 62 - 67.

［8］陈关聚,张慧.创新网络交互度对区域创新的影响及地区差异研究
［J］.工业技术经济, 2018, 37 (12): 52 - 60.

［9］陈国宏,肖细凤,李美娟.区域技术创新能力评价指标识别研究
［J］.中国科技论坛, 2008 (11): 67 - 71.

［10］陈丽丽,刘朝晖,杜晨蔚.产业集群、区域创新体系与区域经济发
展［J］.科技信息, 2006 (8): 30 - 31.

［11］陈琪,徐东.区域创新体系的系统结构研究［J］.科技进步与对
策, 2007 (8): 45 - 47.

[12] 陈日光. 副省级城市国家高新区科技创新能力评价 [J]. 现代工业经济和信息化, 2021, 11 (6): 5 - 7.

[13] 程杰, 程言美, 胡树华等. 基于"四三结构"的城市群创新体系运行分析与同步非均衡评价 [J]. 中国科技论坛, 2014 (2): 72 - 78.

[14] 范德成, 宋志龙. 基于 Gini 准则的客观组合评价方法研究——以高技术产业技术创新能力评价为例 [J]. 运筹与管理, 2019, 28 (3): 148 - 157.

[15] 范增选, 夏颢凡, 梁栓民等. 基于灰色层次分析法的铁路项目绿色风险评价研究 [J]. 项目管理技术, 2020, 18 (10): 20 - 25.

[16] 葛世帅, 曾刚, 胡浩等. 长三角城市群绿色创新能力评价及空间特征 [J]. 长江流域资源与环境, 2021, 30 (1): 1 - 10.

[17] 官建成, 何颖. 基于 DEA 方法的区域创新系统的评价 [J]. 科学学研究, 2005 (2): 265 - 272.

[18] 郭本海, 刘思峰. 区域创新体系建设: 战略分析与战略对策 [M]. 北京: 科学出版社, 2015.

[19] 郭丽娟, 仪彬, 关蓉等. 简约指标体系下的区域创新能力评价——基于主基底变量筛选和主成分分析方法 [J]. 系统工程, 2011, 29 (7): 34 - 40.

[20] 郭新茹, 陈天宇. 高质量发展背景下我国区域创新能力比较研究——基于省际面板数据的实证 [J]. 江西社会科学, 2019, 39 (9): 60 - 69.

[21] 韩春花, 佟泽华. 基于 Fussy - GRNN 网络的区域创新能力评价模型研究 [J]. 科技管理研究, 2016, 36 (14): 55 - 60.

[22] 何铮, 顾新. 基于知识网络的区域创新体系形成内在机理与模型 [J]. 科技与经济, 2011, 24 (6): 26 - 30.

[23] 贺灵, 单汨源, 邱建华. 创新网络要素及其协同对科技创新绩效的影响研究 [J]. 管理评论, 2012, 24 (8): 58 - 68.

[24] 洪进, 余文涛, 郭韬. 区域创新系统的 AIITD 演化模型研究 [J]. 科学学与科学技术管理, 2011, 32 (12): 94 - 100.

[25] 胡雯, 陈强. 产学研协同创新生命周期识别研究 [J]. 科研管理,

2018，39（7）：69－77.

[26] 胡振华，袁静. 企业效益评价因子分析模型及应用［J］. 中国管理科学，2002（1）：69－71.

[27] 胡志坚，苏靖. 区域创新系统理论的提出与发展［J］. 中国科技论坛，1999（6）：21－24.

[28] 黄洪金. 层次分析和模糊综合评价方法在公共政策评价中的应用研究［D］. 武汉：华中师范大学，2014.

[29] 黄鲁成. 关于区域创新系统研究内容的探讨［J］. 科学管理，2000（2）：43－48.

[30] 黄速建，刘建丽. 当前中国区域创新体系的突出问题［J］. 人民论坛·学术前沿，2014（17）：78－89，95.

[31] 瞿辉，闫霏. 基于产业知识多样性的区域创新能力评价研究［J］. 科技管理研究，2019，39（20）：39－44.

[32] 李柏洲，徐涵蕾. 区域创新系统中的创新政策差异化研究［J］. 科学学与科学技术管理，2007（3）：50－54.

[33] 李春艳，徐喆，刘晓静. 东北地区大中型企业创新能力及其影响因素分析［J］. 经济管理，2014，36（9）：36－45.

[34] 李俊华，王耀德，程月明. 区域创新网络中协同创新的运行机理研究［J］. 科技进步与对策，2012，29（13）：32－36.

[35] 李美娟，陈国宏，肖细凤. 基于一致性组合评价的区域技术创新能力评价与比较分析［J］. 中国管理科学，2009，17（2）：131－139.

[36] 李群. 隶属函数 $\mu A \sim (u)$ 的扰动问题及扰动算子研究［J］. 大连理工大学学报，2001（4）：388－391.

[37] 李帅，魏虹，倪细炉等. 基于层次分析法和熵权法的宁夏城市人居环境质量评价［J］. 应用生态学报，2014，25（9）：2700－2708.

[38] 李微微. 基于演化理论的区域创新系统研究［D］. 天津：天津大学，2007.

[39] 李兴光，王玉荣，周海娟. 京津冀区域创新能力动态变化分析——

基于《中国区域创新能力评价报告（2009 – 2016)》的研究 [J]. 经济与管理, 2018, 32 (2): 9 – 16.

[40] 李政, 杨思莹, 路京京. 政府参与能否提升区域创新效率? [J]. 经济评论, 2018 (6): 3 – 14, 27.

[41] 刘凤朝, 潘雄锋, 施定国. 基于集对分析法的区域自主创新能力评价研究 [J]. 中国软科学, 2005 (11): 83 – 91.

[42] 刘慧. 区域创新能力评价体系构建研究——基于郑洛新国家自主创新示范区指标分析 [J]. 创新科技, 2019, 19 (1): 14 – 18.

[43] 刘建丽. 新型区域创新体系: 概念廓清与政策含义 [J]. 经济管理, 2014 (4): 32 – 40.

[44] 刘婧, 曹富. 基于层次分析熵权法和模糊贝叶斯网络的农民专业合作社资金互助突发事件风险评估 [J]. 世界农业, 2020 (8): 67 – 77, 85.

[45] 刘新民, 李芳. 成熟度视角下区域创新系统发展的阶段性评价问题研究 [J]. 技术与创新管理, 2015, 36 (3): 219 – 224.

[46] 柳卸林, 胡志坚. 中国区域创新能力的分布与成因 [J]. 科学学研究, 2002, 20 (5): 550 – 556.

[47] 柳卸林. 区域创新体系成立的条件和建设的关键因素 [J]. 中国科技论坛, 2003 (1): 18 – 22.

[48] 卢艳秋, 肖艳红, 叶英平. 知识导向IT能力、知识管理战略匹配与技术创新绩效 [J]. 经济管理, 2017, 39 (1): 69 – 83.

[49] 吕一博, 程露, 苏敬勤. 知识搜索行为与区域创新网络演化 [J]. 系统工程学报, 2014, 29 (6): 725 – 733, 753.

[50] 罗守贵, 甄峰. 区域创新能力评价研究 [J]. 南京经济学院学报, 2000 (3): 31 – 35.

[51] 马艳艳, 郭金, 张凯琳. 基于全局主成分分析法的东北地区区域创新能力评价研究 [J]. 科学与管理, 2018, 38 (6): 18 – 26.

[52] 孟祥兰, 邢茂源. 供给侧改革背景下湖北高质量发展综合评价研究——基于加权因子分析法的实证研究 [J]. 数理统计与管理, 2019, 38

（4）：675 – 687.

[53] 牛冲槐，孙洋洋. 区域创新系统衰退机理研究 [J]. 工业技术经济，2016，35（5）：137 – 142.

[54] 潘德均. 西部地区区域创新系统建设 [J]. 科学学与科学技术管理，2001（1）：38 – 40.

[55] 潘雄锋，刘清，彭晓雪. 基于全局熵值法模型的我国区域创新能力动态评价与分析 [J]. 运筹与管理，2015，24（4）：155 – 162.

[56] 彭灿. 区域创新系统内部知识转移的障碍分析与对策 [J]. 科学学研究，2003，21（1）：107 – 111.

[57] 祁黄雄，叶莉. 我国区域创新能力综合评价 [J]. 特区经济，2014（8）：198 – 200.

[58] 秦贞燕，王永丽，于慧慧，周杰. 不确定性数学方法的比较研究 [J]. 现代经济信息，2016（6）：384 – 385，467.

[59] 邱国栋，马鹤丹. 区域创新系统的结构与互动研究：一个基于系统动力视角的理论框架 [J]. 管理现代化，2011（4）：47 – 50.

[60] 任胜钢，彭建华. 基于因子分析法的中国区域创新能力的评价及比较 [J]. 系统工程，2007，25（2）：87 – 92.

[61] 尚倩. 区域创新系统中政策动态定位研究 [J]. 科学学与科学技术管理，2011，32（7）：81 – 85.

[62] 邵云飞，谭劲松. 区域技术创新能力形成机理探析 [J]. 管理科学学报，2006，9（4）：1 – 11.

[63] 宋映铉，李顺成. 区域创新力量对区域知识产出的影响——以中部地区为例 [J]. 科技进步与对策，2016，33（11）：29 – 35.

[64] 苏屹，李柏洲. 区域创新系统生命周期演化的动力要素研究 [J]. 科学学与科学技术管理，2009，30（6）：104 – 109.

[65] 苏屹，李忠婷，李丹. 区域创新系统组织结构演化研究 [J]. 科学管理研究，2019，37（2）：74 – 77.

[66] 孙锐，石金涛. 基于因子和聚类分析的区域创新能力再评价 [J].

科学学研究，2006（6）：985－990.

[67] 孙卫东. 产业集群内中小企业商业模式创新与转型升级路径研究——基于协同创新的视角 [J]. 当代经济管理，2019，41（6）：24－29.

[68] 唐朝永，牛冲槐. 人才聚集系统劣质化机理研究 [J]. 系统科学学报，2015，23（2）：57－60.

[69] 万勇，文豪. 中国区域创新能力的评价指标体系研究 [J]. 中南大学学报（社会科学版），2009，15（5）：643－646.

[70] 汪欢欢. 基于 K－均值聚类与贝叶斯判别的区域创新极培育能力评价——以我国30个省市自治区为例 [J]. 工业技术经济，2019，38（5）：136－142.

[71] 王宾，杨琛，李群. 基于熵权扰动属性模型的新型城镇化质量研究 [J]. 系统工程理论与实践，2017，37（12）：3137－3145.

[72] 王景荣，徐荣荣. 基于自组织理论的区域创新系统演化路径分析——以浙江省为例 [J]. 科技进步与对策，2013，30（9）：27－32.

[73] 王利军，胡树华，解佳龙，于泳波. 基于“四三结构”的中国区域创新系统发展阶段识别研究 [J]. 中国科技论坛，2016（6）：11－17.

[74] 王亮. 区域创新系统发展阶段识别研究 [J]. 现代商业，2011（24）：167－169.

[75] 王茂祥，李湘德，李群. 高质量发展视角下区域创新能力的提升路径——以南京市江宁区为例 [J]. 上海管理科学，2020，42（2）：51－55.

[76] 王鸣涛，叶春明，赵灵玮. 基于 CRITIC 和 TOPSIS 的区域工业科技创新能力评价研究 [J]. 上海理工大学学报，2020，42（3）：258－268.

[77] 王平平，金浩，赵晨光. 区域创新网络演化及其邻近性机理 [J]. 技术经济与管理研究，2020（6）：25－30.

[78] 王庆金，田善武. 区域创新系统共生演化路径及机制研究 [J]. 财经问题研究，2016，38（12）：108－113.

[79] 王松，胡树华，牟仁艳. 区域创新体系理论溯源与框架 [J]. 科学学研究，2013，31（3）：344－349，436.

［80］王晓光，方娅．基于主成分分析的黑龙江省区域创新能力评价［J］．科技管理研究，2009，29（6）：98 - 100.

［81］王鑫，任丽佳，张菁．基于改进 AHP 和 CRITIC 法的配电网规划方案综合评估［J］．智能计算机与应用，2020，10（3）：85 - 90.

［82］王学军，陈武．区域智力资本与区域创新能力——指标体系构建及其相关关系研究［J］．管理工程学报，2010，24（3）：1 - 6.

［83］卫华，张派．农业产业集群创新发展的制度环境研究［J］．北方经贸，2020（6）：31 - 33.

［84］魏江．小企业集群创新网络的知识溢出效应分析［J］．科研管理，2003（4）：54 - 60.

［85］魏康宁，梁樑．安徽省区域创新能力评估分析［J］．华东经济管理，2002，（3）：7 - 10.

［86］肖永红，张新伟，王其文．基于层次分析法的我国高新区创新能力评价研究［J］．经济问题，2012（1）：31 - 34.

［87］薛捷，张振刚．基于知识基础、创新网络与交互式学习的区域创新研究综述［J］．中国科技论坛，2011（1）：104 - 111.

［88］严佳鑫．甘肃省区域创新生态系统共生度测算［J］．现代商贸工业，2021，42（3）：5 - 6.

［89］杨春柏，金彪，李辉．区域经济发展中的创新机制研究［J］．湖北社会科学，2017，361（1）：86 - 91.

［90］杨剑，梁樑，张斌．基于模糊评价的区域创新系统生命周期的判定模型［J］．科学学与科学技术管理，2007，（2）：75 - 79.

［91］杨剑，梁靶．基于生命周期理论的区域创新系统研究［J］．中国科技论坛，2006（1）：41 - 45.

［92］杨青峰．高技术产业地区研发创新效率的决定因素——基于随机前沿模型的实证分析［J］．管理评论，2013，25（6）：47 - 58.

［93］杨树旺，吴婷．对经管类研究生创新能力的影响因素研究——基于单因素 ANOVA 分析［J］．科教文汇（下旬刊），2016（12）：4 - 7，12.

[94] 杨志江. 区域创新能力的内涵及构成要素辨析 [J]. 怀化学院学报, 2011, 30 (9): 22 - 24.

[95] 易平涛, 李伟伟, 郭亚军. 基于指标特征分析的区域创新能力评价及实证 [J]. 科研管理, 2016, 37 (S1): 371 - 378.

[96] 于明洁, 郭鹏, 张果. 区域创新网络结构对区域创新效率的影响研究 [J]. 科学学与科学技术管理, 2013, 34 (8): 56 - 63.

[97] 于欣. 海南省科技人才政策比较研究——以江苏省人才政策为比较对象 [J]. 现代经济信息, 2019 (16): 473 - 474, 477.

[98] 袁合才, 辛艳辉. 基于 AHP 和 CRITIC 方法的水资源综合效益模型 [J]. 安徽农业科学, 2011, 39 (4): 2225 - 2226, 2229.

[99] 袁胜军, 周子祺, 张剑光. 品牌力评价指标体系研究 [J]. 经济学家, 2018 (3): 96 - 104.

[100] 袁永. 基于因子分析法的广东区域创新能力省际比较研究 [J]. 特区经济, 2016 (1): 22 - 25.

[101] 袁宇翔, 梁龙武, 付智等. 区域创新能力发展的环境耦合协同效应 [J]. 科技管理研究, 2017, 37 (5): 9 - 14.

[102] 岳峣, 张宗益. R&D 投入、创新环境与区域创新能力关系研究: 1997 ~ 2006 [J]. 当代经济科学, 2008, (6): 110 - 117.

[103] 曾春媛, 王锦, 高楠等. 我国区域创新能力的评价及比较——基于八大经济区的实证研究 [J]. 科技管理研究, 2015, 35 (10): 1 - 6.

[104] 张华新. 日本多重治理结构下的区域创新政策研究 [J]. 日本学刊, 2018 (2): 109 - 133.

[105] 张冀新, 胡维丽. 基于"四三结构"的战略性新兴产业创新能力非均衡判别与评价 [J]. 科技进步与对策, 2018, 35 (21): 65 - 72.

[106] 张永凯. 区域创新体系开放性研究 [J]. 开发研究, 2014 (4): 34 - 36.

[107] 张治河, 金云鹤, 郭晓红等. 中国西部创新增长极选择与培育研究 [J]. 科研管理, 2021, 42 (7): 1 - 10.

［108］甄峰，黄朝永，罗守贵．区域创新能力评价指标体系研究［J］．科学管理研究，2000（6）：5-8.

［109］中国科技发展战略研究小组．中国区域创新能力报告2006~2007［R］．北京：知识产权出版社，2007.

［110］周亚庆，张方华．区域技术创新系统研究［J］．科技进步与对策，2001（2）：44-45.

［111］朱海就．区域创新能力评估的指标体系研究［J］．科研管理，2004（3）：30-35.

［112］朱梦菲，陈守明，邵悦心．基于AHP-TOPSIS和SOM聚类的区域创新策源能力评价［J］．科研管理，2020，41（2）：40-50.

［113］Adner R. Match Your Innovation Strategy to Your Innovation Ecosystem［J］. Harvard business review, 2006, 84（4）: 98-107, 148.

［114］Asheim B T, Isaksen A. Regional Innovation Systems: The Integration of Local "Sticky" and Global "Ubiquitous" Knowledge［J］. The Journal of Technology Transfer, 2002, 27（1）: 77-86.

［115］Asheim B T, Lawton S H, Oughton C. Regional Innovation System: Theory, Empirics and policy［J］. Regional Studies, 2011, 45（7）: 875-891.

［116］Bergman E M, Maier G, Tödtling F et al. Regions reconsidered: economic networks, innovation, and local development in industrialized countries［M］. New York: Mansell, 1991.

［117］Bijker W E, Hughes T P, Pinch T J. The Social Construction of Technological Systems: New Directions in the Sociology and History of Technology［C］. The MIT Press, Massachusetts, 2007: 51-82.

［118］Buesa M, Heijs J, Pellitero M, Baumert T. Regional Systems of Innovation and the Knowledge Production Function: The Spanish Case［J］. Technovation, 2006, 26: 463-472.

［119］Camagni R, Capello R. Innovation and Performance of SMEs in Italy: The Relevance of Spatial Aspects［Z］. Soure. RePzc, July 1997.

［120］ Carayannis E G, Campbell D F J. Mode 3 Knowledge Production in Quadruple Helix Innovation Systems: 21st-century Democracy, Innovation, and Enterpreneurship for Development ［M］. New York: Springer, 2012.

［121］ Castellacci F, Miguel N J. The dynamics of national innovations systems: A panel co-integration analysis of the co-evolution between innovative capability and absorptive capacity ［J］. Research Policy, 2013, 42 (3): 579 – 594.

［122］ Cooke P, Heirdenreich M. Regional Innovation System: The Role of Governance in a Globalized World ［M］. UCL Press Limited, 1998.

［123］ Cooke P, Morgan K. Learning through Networking: Regional Innovation and the Lessons of BadenWurtemburg ［C］. Cardiff: University of Wales, 1990.

［124］ Cooke P. Regional innovation systems: Institutional and organizational dimensions ［J］. Research Policy, 1997, 26.

［125］ Cristina P, Ivana Q, Giuseppe Z. Regional Innovation Systems as Complex Adaptive Systems: The Case of Lagging European Regions ［J］. Sustainability, 2018, 10 (8): 2862.

［126］ Deng J, Wang Z. Research on Self – Organization Ability of Regional Innovation System in China ［J］. Modern Economy, 2018, 9 (2): 362 – 378.

［127］ Doloreux D, Parto S. Regional Innovation Systems: Current Discourse and Unresolved Issue ［J］. Technology in Society, 2005, 27 (2): 133 – 153.

［128］ Doloreux D. What We Should Know about Regional Systems of Innovation ［J］. Technology in Society, 2002, 24 (3): 243 – 263.

［129］ Feldman M, Lowe N, Bathelt H, Cohendet P, Henn S, Simon L (Eds.). The Elgar Companion to Innovation and Knowledge Creation ［M］. Edward Elgar Publishing, Cheltenham, UK, Northampton, USA, 2017.

［130］ Foss N J. Higher-order industrial capabilities and competitive advantage ［J］. Journal of Industrial Studies, 1996, 3 (1): 1 – 20.

［131］ Freeman C. Networks of innovators: A synthesis of research issues ［J］. Research Policy, 1991, 20 (5): 499 – 514.

［132］ Freeman C. Technology Policy and Economic Performance： Lessons form Japan ［M］. London： Printer Publishers, 1987.

［133］ Freeman C. Technology Policy and Economic Performance： Lessons from Japan ［M］. London： Printer Publishers, 1987.

［134］ Freeman C. The National System of Innovation in historical perspective ［J］. Cambridge Journal of Economics, 1995, 19 (1)： 5 – 24.

［135］ Furman J L, Porter M E, Stern S. The determinants of national innovative capacity ［J］. Research Policy, 2002, 31 (6)： 899 – 933.

［136］ Furman J L, Stern S, Porter M E. The Determinants of National Innovative Capacity ［J］. Research Policy, 2002, 31 (6)： 899 – 933.

［137］ Furman J, Hayes R. Catching up or standing still? NationalInnovative productivity among follower countries ［J］. Research Policy, 2004, 33： 1329 – 1354.

［138］ Granstrand O, Holgersson M. Innovation ecosystems： A conceptual review and a new definition ［J］. Technovation, 2020, 90 – 91.

［139］ Hajek P, Henriques R, Hajkova V. Visualising Components of Regional Innovation Systems Using Self – Organizing Maps – Evidence from European Regions ［J］. Technological Forecasting and Social Change, 2014, 84 (5)： 197 – 214.

［140］ Hu M, Mathews J A. National innovative capacity in East Asia ［J］. Research Policy, 2005, 34 (9)： 1322 – 1349.

［141］ Jacobsson S, Bergek, A. Transforming the Energy Sector： The Evolution of Technological Systems in Renewable Energy Technology ［J］. Industrial and Corporate, 2004, 13： 815 – 849.

［142］ Kastelle T, Potts J, Dodgson M. The Evolution of innovation systems ［C］. Proceeding of Druid Summer Conference 2009 on Innovation, Strategy and Knowledge, Denmark, 2009： 1 – 23.

［143］ Lenger A. Regional Innovation Systems and the Role of State： Institutional Design and State Universities in Turkey ［J］. European Planning Studies, 2008, 16 (8)： 1101 – 1120.

[144] Nelson R R, Rosenberg N. National innovation systems: a comparative analysis [M]. Oxford University Press on Demand, 1993.

[145] OECD. DSTI/STP/NESTP/TIP (96) 5, Conference on New S&T Indicators for a Knowledge-based Economy: Summary Record of the Conference held on 19 – 21 June 1996. 17 – Jun – 1997, Paris.

[146] Owen – Smith J, Powell W et al. Knowledge networks as channels and conduits: The effects of spillovers in the Boston biotechnology community [J]. Operations Research, 2004, 15 (1): 5 – 21.

[147] Pasciaroni C. Knowledge Organisations and High-tech Regional Innovation System in Developing Countries: Evidence from Argentina [J]. Journal of Technology Management & Innovation, 2016, 11 (2): 22 – 32.

[148] Pinto H, Guerreiro J. Innovation regional planning and latent dimensions: the case of the Algarve region [J]. The Annals of Regional Science, 2010, 44 (2): 315 – 329.

[149] Porter M, Stern S. The New Challenge to America's Prosperity: Findings from the Innovation Index [R]. Council on Competitiveness, Washington, 1999.

[150] Riddel M, Schwer R. Regional innovative capacity with endogenous employment: Empirical evidence from the U. S. [J]. The Review of Regional Studies, 2003, 33 (1): 73 – 84.

[151] Saxenian A. Lessons from Silicon Valley [J]. Technology Review, 1994, 97 (5): 42 – 51.

[152] Stuck J, Broekel T, Diez J R. Network Structures in Regional Innovation System [J]. European planning Studies, 2016, 24 (3): 1 – 20.

[153] Su Y, Wu F. Regional System of Biotechnology innovation [J]. Technological Forecasting and Social Change, 2015, 100 (11): 96 – 106.

[154] Teece D, Pisano G, Shuen A. Dynamics capabilities and strategic management [J]. Strategic Management Journal, 1998, 18 (7): 509 – 533.

[155] Tim Padmore, Hervey Gibson. Modelling systems of innovation: II. A

framework for industrial cluster analysis in regions [J]. Research Policy, 1998, 26 (6): 625 –641.

[156] Tura T V, Harmaakorpi V. Social capital in building regional innovative capability [J]. Regional Studies, 2005, 39 (8): 1111 –1125.

[157] Tödtling F, Kaufmann A. SMEs in Regional Innovation Systems and the Role of Innovation Support: The Case of up-perAustria [J]. The Journal of Technology Transfer, 2002, 27: 15 –26.

[158] Tödtling F, Lehner P, Kaufinann A. Do Different Types of Innovation Rely on Specific Kinds of Knowledge Interactions [J]. Technovation, 2009, 29 (1): 59 –71.

[159] Wiig K M. Knowledge Management Methods: Practical Approaches to Manage Knowledge [M]. Arlington, TX: Schema Press, 1995.